会計人の書面添付

企業も税理士も、もっと制度を活用しよう

杉井卓男
Takuo Sugii

22世紀アート

はじめに

われわれ職業会計人が約二〇年の永きにわたり進めてきた申告是認制度が、個人では平成一五年度提出分より、法人では平成一四年四月決算より、書面添付（税理士法第三三条の二）という名前で法制化されるはこびとなりました。

今まで何度となく税務当局との間で折衝を重ねてきた努力が実を結んだのであります。この結果、中小企業の経営者の人々は、決算書に所定の書面を添付すれば、税務署からの調査が来ないことになり、枕を高くして寝られるようになったわけであります。

これまでは、真面目に申告しておられる経営者の皆様でも、税務当局側には書面だけではわからない事が多くあったため、税務署がいつ調査に来るかと、申告後も不安な日々を送られるのが常でありました。

しかし、今回の書面添付による申告是認の法制化により、もう税務署はこわくない、もう税務署は来ないと、経営者は安心立命の境地で事業に邁進できるようになりました。
本書が書面添付のさらなる件数増加に役立つことを心から祈ります。

杉井卓男

目　次

添付書面への理解　81

支部例会と生涯研修　117

税務当局確認書　137

法制化のおいたち

一、新しい書面添付制度の法制化のおいたち

関東では平成一二年四月八日東京コンファレンスセンターで、関西では同月二二日新大阪ワシントンホテルプラザで、各五〇〇人の職業会計人を招いた公開セミナーがありました。

セミナーの講師は大武健一郎元国税庁次長が務められ、多くの職業会計人から好評を得て、大いなる成果を上げました（講演の内容項目は16ページを参照）。規制緩和の一環として税理士法はもちろんのこと「弁護士法」「公認会計士法」と「士」とつく業の改正が次々行われ、グローバル化が進んでまいりました。

二、税理士制度の見直し

自由民主党がまとめた「平成十二年度税制改正大綱」の中では、税理士制度について、新しい時代を迎え、高度情報化への対応、税理士の資格向上、国民ニーズの多様化といった社会の求める姿の速やかな実現を目指し検討を進めることが掲げられています。その中で税理士の公共性を堅持する方法が、税理士法第三三条の二による書面添付という制度に象徴されていると思います。しかし現実は、残念ながらなかなかこの制度が利用されていません。

三、今まで書面添付が活用されていない三つの理由

書面添付が活用されていない理由は三つあります。

一つ目は、

書面添付をするかしないかで税理士が納税者を選別することになり、納税者との信頼関

係を損なう恐れがあるのではないかという問題。

二つ目は、税務官庁との協力関係をより強固にするものになり、ひいては税理士が税務官庁の下請けになるのではないかという危惧を税理士が抱いていること。

三つ目は、虚偽記載があった場合には税理士法第四六条により懲戒処分の対象にされるのではないかという心配と、その反面、書面添付を実践したからといって税理士に特別のメリットがないということ。

四、危機感の解消方法

一つ目については、税理士事務所で一件一件関与先の事情がある程度わかるので、中小企業に対して、申告是認とはどういうものであるかよく説明することで解決できるはずです。納税については公私の別をはっきりつけ、どんな小さな売上でも会社に入れて「ガラス張り」にするよう指導・説明して納税者が納得できるようにします。その上で書面添付をするかしないかは納税者が判断すべきであり、私どもが判断することではないと思われます。

二つ目については、税務官庁と協力することによって税理士が税務官庁の下請けになることは現状に照らしてまずあり得ないと思います。世間の目は厳しく、情報公開制度の中では考えられません。

三つ目は、これは一つ目二つ目にもまして非常に大事なことです。関与先の経理の内容、活かしぶり、行動や毎月の巡回監査で、この関与先は公私の別がはっきりしているか少しあやしいかということは本人に二～三回会って接すればわかることです。ごまかしているかいないかを見抜けない税理士では失格です。こういうことでは明白に優良な企業だけを選りすぐって書面添付することになるので、結果的にはどうしても二割～三割ぐらいしか書面添付できないのではないでしょうか。

なんとしても書面添付は進めなければならないと思います。各国税局単位で「確認書添付制度」や「特別指導表添付制度」を採用しておられますが、あまり効果が上がっていません。一定のラインで件数が伸び悩んでいる現状です。このため全国的に書面添付制度に統一され、この制度が大いに活用されることを望むわけです。

「書面添付実践研修会特別講演」の内容項目
平成１２年４月８日：東京コンファレンスセンター
平成１２年４月２２日：新大阪ワシントンホテルプラザ
講師：大武健一郎氏
司会者　杉井卓男
「税務行政と税理士の役割」

1、税理士をめぐる社会経済の状況の変化
税理士法改正の検討にあたって問われる税理士法第１条の意味
歳出は過去最大だが国税負担率は昭和52、３年の水準
高齢化で予想される歳出増大、借金は発展途上国総額の1.5倍

日本の「国及び地方の財政収支」はマイナス10パーセント超
国税庁の事務量は増えているが職員増員は困難な状況
アメリカ一人勝ちの要因（１）冷戦終結の影響
アメリカ一人勝ちの要因（２）グローバル・スタンダード戦略
アメリカ型の会計ルールへの指向
雇用拡大や安全保障のためにもグローバル化への対応が必要
予想される確定申告者の増加
税務調査をめぐる諸問題
諸外国の電子申告の現状と我が国の対応
税理士制度がある日本では電子申告仲介者の義務付けは不要

2、税理士制度の意義と各国の制度
税理士法の「使命」規定の意義
アメリカのコモンローの世界と異なる日本の税理士制度

3、規制緩和の流れ
分野別措置事項（1）税理士の出廷陳述権をめぐって
分野別措置事項（2）税理士の受験資格、特例認定について
監査法人・特許業務法人と税理法人との比較

4、税理士制度の見直しについて
「税理士法改正に関する意見」（税理士制度改革推進議員連盟）の検討課題
税理士制度から公共的使命は切り離せない
税理士法第33条の2による書面添付制度の活用が重要

「書面添付実践研修会特別講演」の内容項目

平成12年4月8日：東京コンファレンスセンター
平成12年4月22日：新大阪ワシントンホテルプラザ
講師：大武健一郎氏
司会者：杉井卓男

「税務行政と税理士の役割」

1、税理士をめぐる社会経済の状況の変化
税理士法改正の検討にあたって問われる税理士法第1条の意味
歳出は過去最大だが国税負担率は昭和52、3年の水準
高齢化で予想される歳出増大、借金は発展途上国総額の1.5倍
日本の「国及び地方の財政収支」はマイナス10パーセント超
国税庁の事務量は増えているが職員増員は困難な状況
アメリカ一人勝ちの要因（1）冷戦終結の影響
アメリカ一人勝ちの要因（2）グローバル・スタンダード戦略
アメリカ型の会計ルールへの指向
雇用拡大や安全保障のためにもグローバル化への対応が必要
予想される確定申告者の増加
税務調査をめぐる諸問題
諸外国の電子申告の現状と我が国の対応
税理士制度がある日本では電子申告仲介者の義務付けは不要

2、税理士制度の意義と各国の制度
税理士法の「使命」規定の意義
アメリカのコモンローの世界と異なる日本の税理士制度

3、規制緩和の流れ
分野別措置事項（1）税理士の出廷陳述権をめぐって
分野別措置事項（2）税理士の受験資格、特例認定について
監査法人・特許業務法人と税理法人との比較

4、税理士制度の見直しについて
「税理士法改正に関する意見」（税理士制度改革推進議員連盟）の検討課題
税理士制度から公共的使命は切り離せない
税理士法第33条の2による書面添付制度の活用が重要

書面添付推進運動のおいたち

一、磯邊律男元国税庁長官の記念講演

磯邊律男元国税庁長官がＴＫＣの千葉計算センターの開所式で記念講演され、その中で、個人の税務調査の実調率が四％前後、また法人の実調率が九％前後という低さであることを嘆かれました。これも現状はかわりません（令和２年）そこで、われわれ職業会計人が奮起して何とかこの実態を厳粛に受け止めなければならない、正しい税務申告こそ租税正義の実現であり、自由国家の健全性を育成する上において必要であるとの認識から、一つの運動に入りました。

その当時、税理士法の中に「調査省略申告是認体制」という言葉がありました。現在では税理士法第三三条の二項にその項目があります。われわれ税理士は磯邊先生のご発言を

真正面から受けとめて全国的な規模で申告是認運動を構築することを決め、このときから協議を始めたのです。

そして全国的な委員会を開き、そこで実施することを決定したのが、書面添付の推進であり、その前提としての生涯研修制度の実行でした。

二、欧米並みの研修制度

日本の税理士は、一旦資格を取ると勉強会などに積極的に参加する人は少なく、それぞれの所属の支部の先生方との人間関係維持すなわち（仲良しクラブ）のためその時間の多くをさいている状況です。このためわれわれ職業会計人は、欧米各国の職業会計人に見られるような、継続的な研修制度を全国的に取り入れました。これは、一生にわたり、次々と変わる税法はもちろんのこと高度な会計学や税法などを研修していく制度を創設することによって、会計事務所の業務水準を上げることを目的としたわけです。

これにより今まで以上に高度な財務諸表の決算表を作成し、当局に否認されないような立派な税務申告書を作成しようではないかという結論に達しました。

こうして、昭和五七年四月より、「生涯研修」がわれわれのＴＫＣ（職業会計人）中央研修所によって始められました。初年度に研修を受講される先生は九〇時間を研修していただき、次年度から五四時間を受講する継続的な研修が開始されたわけです。

但し税理士会では毎年36時間内の研修が必要です（別紙）

三、認定事務所の業務水準の確保

業務水準を確保するため一定の基準を設け、その基準を満たした会員事務所がＴＫＣ全国会書面添付推進事務所に認定されるわけです。具体的には次のような事項を基準にしました。

一、初年度年間九〇時間、次年度以後は年間五四時間の所長研修を履修すること

二、関与先企業を毎月一回以上巡回監査をしていること(全関与先の九〇％以上完全実施)

三、関与先の巡回監査は二ヶ月遅れや三ヶ月遅れではなく、翌月処理の巡回監査財務処理実績割合が七〇％以上であること

四、関与先の当月の帳簿の整理を会計事務所に持ち帰り手書きでやっている状況ではとても進まないため、電算化移行率が八〇％以上であること

五、財務三表システムの利用が基本になるが、その基準以外にさまざまのコンピューターシステム、例えば「資金繰り表」「元帳システム」などの付属システムを利用し、コンピューターシステム適用割合八〇％以上を確保すること

六、その他、ＴＰＳ（法人税自動作成システム）を利用していること、また書面番付実践予定報告書を提出すること

以上の条件を提示して、その条件をクリアした会計事務所をＴＫＣ全国会では書面添付推進事務所と認定したのです。

四、書面添付申告の内容

（絶対的添付書類）

一、税理士法第三三条の二第一項の書面

関与先の申告書作成にあたって計算、整理、相談に応じた事項を大蔵省令で定めるところにより記載した書面です。（原本を添付）

二、基本約定書

職業会計人と関与先経営者の双方が、この申告是認の体制に向かって不断の努力を誓約しあう文書です。（写しを添付）

三、完全性宣言書

関与先経営者が自社の会計記録は完全網羅的に真実を記載し、かつ会計処理には仮装隠蔽の事実や民法や商法上の形成可能性の濫用を行った事実のないことを職業会計人に宣言いたします。（写しを添付）

四、データ処理実績証明書
入力データの電算処理日と供給した財務三表その他の帳簿の種類が表示され、データが遡及処理されていない事実を証明する重要な第三者証明です。（原本を添付）

五、二期比較経営分析表（写しを添付）

六、法人事業概況書（写しを添付）

以上の他に選択的添付書類として、書類範囲証明書、棚卸資産証明書、負債証明書等のいわゆる決算証明三表や、源泉所得税チェック表、巡回監査報告書、資金繰り実績表、欠損の事由書、営業報告書サポートシステム等の書類を添付いたします。

どうすれば新書面添付を行えるか

一、まず税理士さんに委任状

納税者は、書面添付を行おうとすれば、まず依頼している税理士さんへの委任状を添付（法人も個人も同じで法人の場合は右上の所に税理士法第三〇条の書面提出有無の明示箇所があり、ここに〇印をつけます。個人は二表右下にあり）しなければなりません。

納税者は自分の申告書がいくら正しいと思っても、税理士を通じてこの税理士法第三〇条の書面を付けなければならないので、結局税理士に依頼しなければならないと思います。他人に正しい申告であると認めてもらって初めて書面添付ができるわけです。

二、新しい書面添付形式とは

別添にあるように納税者の目から作成した帳簿がどのようなものであるのか、どのような種類があるのかを、「相談を受けた事項」には相談要所を記入し、また、納税者より「どんな提示を受けたかの帳簿の種類」を、帳簿種類の名称や確認した内容を、まず記入しなければなりません。

次に別添にあるように、審査した主な事項について、区分について、例えば減価償却につき今回は特別償却を実施したこと、また土地などについては取得、売却、有価証券についての取得などについて計算整理した事項について記入して、期末につき適正に処理したなどを記入します。また売上高、仕入高についてその期の増減について、どういう理由で売上が増加したか、減少したか、また、人件費などがどういう理由で増加したか、税務当局が調査するまでもなく、前もって担当税理士がこれだけが通常の決算より大きく変化していますし、その他は毎期の決算通りです、ということを書面でもって報告するという新しい制度です。

三、新書面添付の記載例

別添資料を参照のこと〈（ＴＫＣ会報への寄稿）すべての税務署管内に書面添付申告書を！！」後ろ〉

新書面添付のメリット

一、税務調査の不安解消

書面添付を行えばどんなメリットがあるのか？　結論から言うと税務署が来ないようになることが望めます。といっても脱税をしながらこの書面をつけて税務調査を逃れようというのはむろん心得違いで、経理を「ガラス張り」にすることで事業を自ずから良い方向にコントロールできるのが良い点です。書面添付はそれを願う経営者が行うべきものです。中小企業でも本当に「公」「私」がはっきり区別され、特に会社にいろいろの「ツケ」を回さない、本当に立派な納税者が世の中にはたくさんいるなあ！と私はいつも感心している次第です。

二、ＴＫＣ書面添付との比較

今までＴＫＣ全国会ではこの新しい制度が出来るまでは、完全性宣言書があり、この完全性宣言書により、企業の経営者は申告書、決算につき一切ごまかしておりませんと言う制度がありました。

今回のこの制度はこれに替わるものであると思います。またＴＫＣ全国会では、この書面添付を行う場合、だれでも、どの税理士でも添付するというわけではなく、一定の基準があり、最初九〇時間の研修を受講すること、そして、書面添付をしようとする企業に対して毎月巡回監査を必ず実行することが必要条件になっています。新書面添付制度では、税理士は中小企業の経営者の実況判断によりこの書面が付けられるので添付のハードルが低くなり、添付しやすい状況にあると思われます。

三、企業のメリット

中小企業の経営者にとって、何年かに一度の税務調査は頭の痛いことです。警察は犯罪を行った容疑者を逮捕して調べるのですが、税務署の場合はいかに真面目な企業で特に容疑が無くともまず調べるということができるわけです。

書面添付により税務調査の心配が無くなることは経営者にとってはまことにありがたいので、書面添付のために正直な申告、正しい申告が励行されるようになるのではないでしょうか。従業員も、自分の勤めている会社の経理がガラス張りであり、また正確な業務が必要であるとの思いから士気が大いに上がり、現金出納帳の不正などは行われなくなると思います。

四、事前の意見聴取制度

申告書に不明な部分があり調査を要すると税務署が判断した場合、この新しい書面添付制度では、税理士の立場を尊重し、内容について調査前に意見を述べる機会を与えなければならないことになっています。これはすなわち、こうして中小企業の社長が提出した申告書の信頼性をより高めるべく税務署も前向きに捉えようということです。

意見聴取にあたっては権利者に自分の意見を述べ税務署の調査書の不明としているところについて解決できるような体制を整えておくことが必要です。このため前に述べたように書面添付は記載内容について的確性とかつ正確性が要求されます。

毎月の綿密な巡回監査と毎月の相談事項など記載し記述に残しておく必要があります。この意見聴取は税務署で行われますが、時間的な都合が悪くて税務署に行けない場合は、日程の調整は電話で行うことができますし、聴取は文章でもできますので、必ず意見を税務当局に述べて下さい。

次の章からは税理士の側にも立ちながら、書面添付の普及策を考えていきます。

書面添付のＰＲ

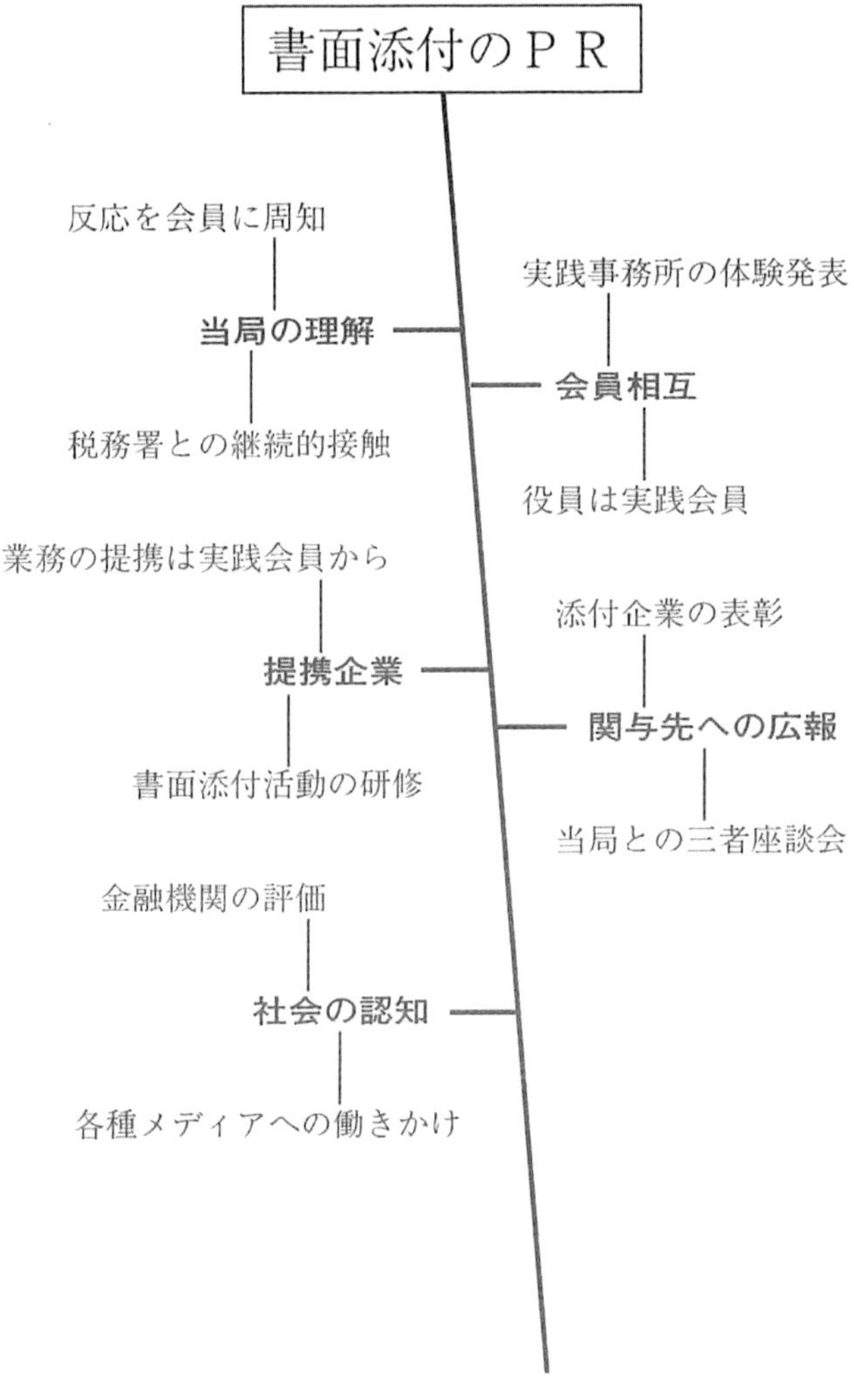
書面添付のＰＲ
反応を会員に周知
当局の理解
税務署との継続的接触
実践事務所の体験発表
会員相互
役員は実践会員
業務の提携は実践会員から
提携企業
書面添付活動の研修
添付企業の表彰
関与先への広報
当局との三者座談会
金融機関の評価
社会の認知
各種メディアへの働きかけ

一、当局の理解

書面添付の意義を社会的に認知してもらうには次の事が考えられます。

まず税務当局の理解、職業会計人の提携企業の協力、社会の認知、会員相互の実践、関与先への広報などです。まず税務当局の理解についてはＴＫＣ近畿会では、大阪国税局管内の税務署の署長に面会を申し入れ、税理士法第三三条による書面添付について当局の理解を得るため、当支部長および書面添付を実践されている先生約五名～一〇名が訪問して、書面添付についての説明を毎年行っています。ただ提出件数がまだ全法人の一割にも達せず、書面添付申告書が提出されていない税務署がいまだに存在します。全国で五万件以上提出しないと、各担当官の目につくところまではいかないと思われます。機会あるごとに税務署と接触して、書面添付について、また税理士法第三三条についても、よく話し合いをすべきです。またこの結果を会報に載せて全会員に報告し、会員が安心して書面添付を推進できるようにすべきです。さらに職業会計人自らが、もっと書面添付の意義についてＰＲする必要があると思われます。

二、提携企業

現在ＴＫＣ全国会には多くの提携企業があります。具体的には大同生命保険株式会社とニッセイ同和火災海上、東京海上火災、日本興亜火災海上の損保三社、セキスイハウス、パナホーム、大和ハウス、東京三菱銀行などです。われわれ税理士は、これらの企業といろいろ接触する機会があります。たとえば、大同生命の企業防衛制度の推進決起大会や各コンテスト出発式や、損保などの研修会に出席した機会などにも書面添付の意義をＰＲすべきです。

三、社会の認知

税務署発行の是認通知書を金融機関に見せ、当企業はこのようにガラス張りで正確に申告しているという事実を銀行に知らせれば評価されると思います。書面添付は会計事務所の気休めのためにするのではなく、添付企業が社会全体に、良い企業としてのイメージを与え、認知されてこそ意味があります。

次に「書面添付を実践している会計事務所はほかの会計事務所に比べて優れている。その書面添付の決算書は立派である」と評価され、本当に立派な業務体質が認められます。東京三菱銀行には、書面添付している中小企業に対し戦略経営者ローン三〇〇〇万円まで無担保の融資制度があります。これらをうまく利用するのもよいのではないでしょうか。

四、会員相互

税理士側では、相互の問題として、一件も書面添付をしておられない未実践事務所に対して書面添付をする場合の方法、コツなどの指導が必要です。最初の一件を添付するときに本当に心配される会員がおられます。そして提出した結果、その企業が調査を受けると次回からは書面添付をされない人がおられます。しかし、継続する勇気が必要です。

書面添付を行った場合、当局はこの企業または会計事務所がどのような書面を添付したかを見る場合が多いのです。そしてその当局の調査の結果が非常に良ければ次回も書面添付をしようということになり、実践件数が少しずつ増加する場合が多いのです。このため最初の一件は非常に大切で、本当に、事務所で自信のある企業を選定すべきであると思います。未実践事務所を実践させる努力がいかに大切かを考えるべきであると思われます。

このため、各地域のベテランの先生に率先して書面添付をしていただきたいと思います。

五、関与先への広報

何年か前に、ＴＫＣ中国会の松本清先生の事務所の何周年かの記念式典に職業会計人全国会書面添付本部運営委員会を代表して参加させていただきました。岡山の某ホテルで約三〇〇名ほどの先生の関与先の方々が参加しておられ、竹村健一氏が講演をされ、その後で永年書面添付されている関与先の企業何件かが選ばれ表敬状が贈呈されました。非常に感動いたしました。この表敬状は、認定事務所長が関与先企業の努力を称え、この実績が必ず税務当局の信頼を獲得し、それが企業の発展に直結することを信じ、将来とも挫折することなく、共に書面添付体制を積み上げていこう、という所長の実践意志によって贈呈されます。関与先の協力なくして書面添付はできないのはもちろんのことです。書面添付されていない関与先にも理解してもらうためにも参加されている関与先全員の前での表彰は良いと存じます。

関与先に対しＰＲして一件でも多く申告是認の企業になってもらいたいと存じます。また、当局との三者会談を行い、当局、関与先の企業と税理士の先生とで書面添付について、話し合う必要があると思います。

所長の意識

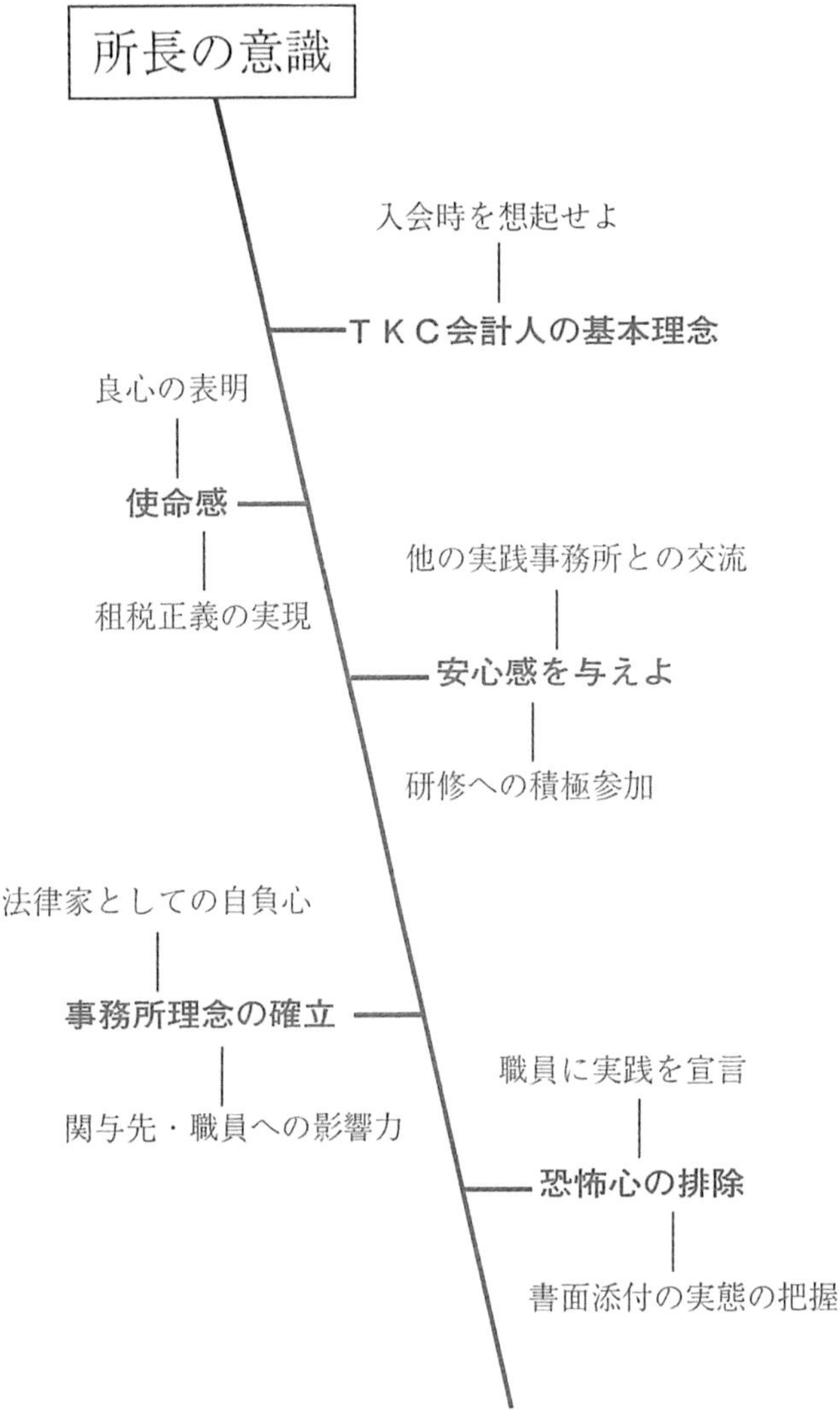
所長の意識
入会時を想起せよ
ＴＫＣ会計人の基本理念
良心の表明
使命感
租税正義の実現
他の実践事務所との交流
安心感を与えよ
研修への積極参加
法律家としての自負心
事務所理念の確立
関与先・職員への影響力
職員に実践を宣言
恐怖心の排除
書面添付の実態の把握

一、使命感・租税正義

まず、所長は書面添付を実践していく方針をはっきりさせるべきです。そこまでする必要がないとか、自分の事務所はそのための事務所体制が出来ていないなどとおっしゃる先生もいますが、なにがなんでも一件を添付しようとする心構えが所長にないと、やはり実行できないと思われます。事務所のレベルアップを図ろうと考えておられる税理士先生は断然実行すべきであります。

書面添付をしなければならないという使命感を持ち、そして良心の表明をしなければならないと思います。これは租税正義の実現のためであり、正しい納税意識を関与先に指導することが大切であると存じます。ＴＫＣ会員の関与先がすべて書面添付をできることは不可能であるにしても、そのうち一〇％、二〇％と関与先には正しい納税意識を持っておられる経営者がいらっしゃると存じます。その関与先企業よりまず実施すべきであります。

二、職業会計人の理念

平成七年度より新入会員の方々を（夫婦一緒で）全国より東京のホテルエドモンドに集め、先発会員が入会セミナーをされたわけですが、参加された先生方は非常に感動された様子です。第一回全国入会セミナーは六八名、第二回は三九名の先生方が参加されました。開業当時は希望に燃え、よし、やろうと意気込み、出発される方々が大勢おられます。われわれ職業会計人は正しい納税への情熱を持ってこの道に入ります。この初心を忘れず、入会時を想起して、所長がはっきりとした職業会計人の基本理念の意識を持って下さい。

三、事務所基本理念の確立

多くの会計事務所はそれぞれの経営理念をお持ちであろうと存じます。事務所にうかがうと、立派な額がかけてあり、そこに五ケ条や一〇ケ条と事務所の理念を箇条書にして掲げておられるのをよく見かけます。そのように専門家として自信を持って事務所を立派に育てようとすれば、当然申告是認体制が出てきます。事務所の理念は関与先はもとより世間一般にまで非常に大きな影響を持ってくると思われます。ＴＫＣでは会計人の基本理念が二五項目にわたり明記してあります。

ところで事務所理念はもちろん重要ですが、事務所の外観も大切であります。当事務所の関与先にホンダ二輪の販売店を経営されている社長がおられます。昔は建物は古く暗かったのですが、今は新しい立派な褐色のレンガ建ての事務所兼店舗を新設されました。今までの古い店では八割の顧客が商品を値切ったそうですが、建物が立派になったおかげで、逆に八割の方が値切らず定価で買うような非常に良い客筋に変わったとのことです。やはり、外観の顧客に与えるイメージは重大だと感じました。

四、安心感を与えよ

時には、自分だけが申告是認の書面添付を行っているのではないか、ほかの職業会計人の先生方はどうなのか、これで良いのかという不安も出てくるでしょう。書面添付で申告書を提出した法人であっても決して調査がないとはいえず、少なくとも五年以内に調査があります。ただ書面添付がしてあると当局の調査の内容が異なってきます。所長は他の実践会員との交流によって心のよりどころを得られ、安心感をもち、より高度な申告および決算書を作成するようになると思います。ＴＫＣ会員の中には、書面添付をうまく利用して事務所内の研修にも使っておられる方がいます。会員が皆で手をつないで、書面添付を推進しようとする気持ちが大きく件数を延ばすことになるのではないでしょうか。

五、恐怖心の排除

申告書に初めて書面添付をしたときには、なぜこの一件に書面添付し、他の何十件かの申告書には書面添付をできないのか、この一件の申告書で当局が調査をし、何か否認事項が発生しないだろうか、また事務所の職員が書面添付の実践にはたしてついて来てくれるだろうかなどの不安を感じがちです。

他のＴＫＣ会員はどうしているのか、ＴＫＣに加入していない他の税理士はどうか、税理士法第三三条の二第一項一枚のみの書面添付をしている方がおられるそうだがそれはどうなのか、など疑問があるでしょう。このため所長はまずすべての事務職員に書面添付の実践方針を明らかに宣言すべきであります。今日より書面添付をして正確な正しい納税申告を提出するということを全職員にまずアピールする必要があります。また書面添付とはどういうものか、書面添付をしっかりと把握して、職員が理解してから関与先に対して、指導するべきです。この理解を求める態度が恐怖心を和らげることになると存じます。勇気を持って臨んで下さい。

巡回監査体制の確立

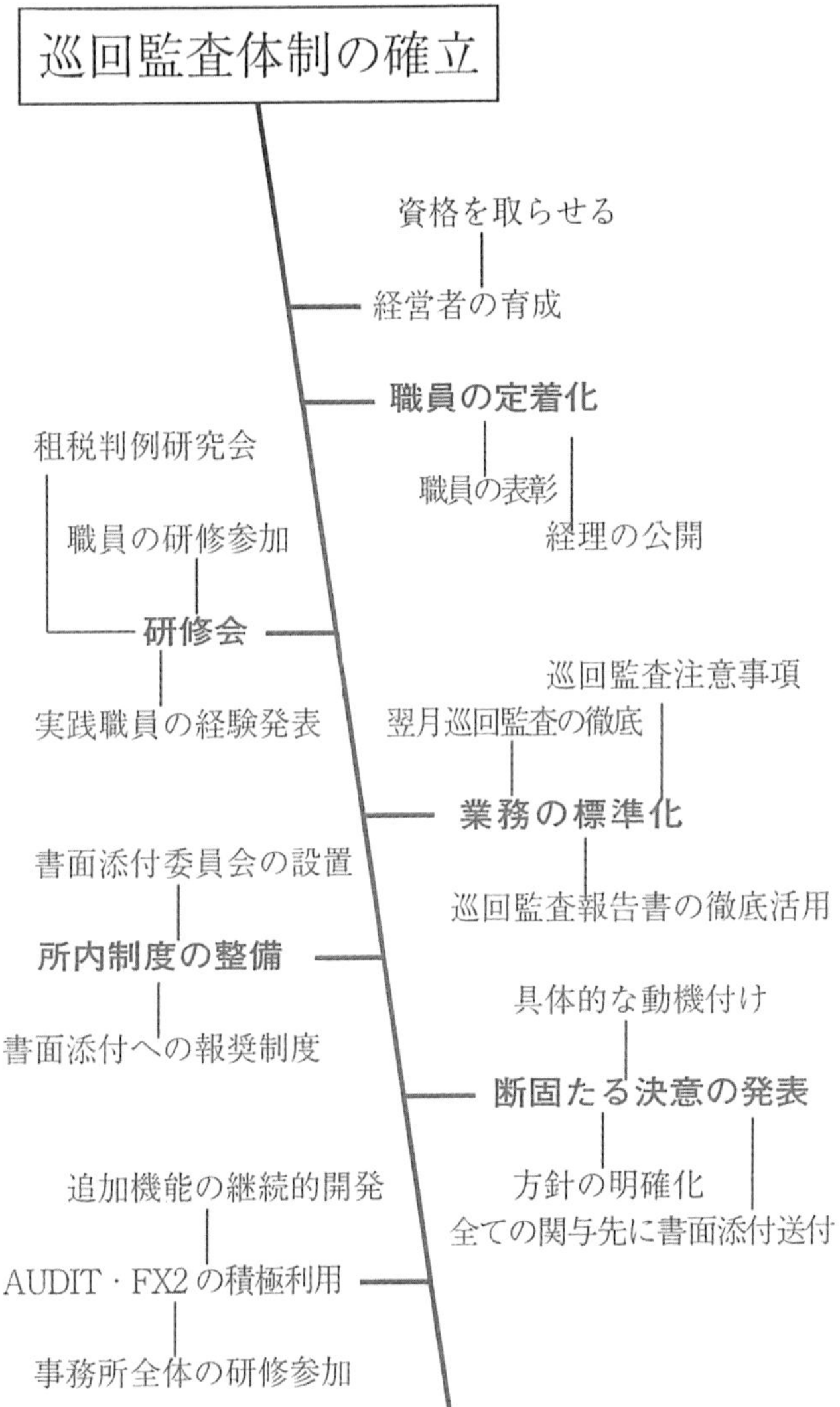
巡回監査体制の確立
資格を取らせる
経営者の育成
職員の定着化
職員の表彰
経理の公開
租税判例研究会
職員の研修参加
研修会
実践職員の経験発表
巡回監査注意事項
翌月巡回監査の徹底
業務の標準化
巡回監査報告書の徹底活用
書面添付委員会の設置
所内制度の整備
書面添付への報奨制度
具体的な動機付け
断固たる決意の発表
方針の明確化
全ての関与先に書面添付送付
追加機能の継続的開発
AUDIT・FX2の積極利用
事務所全体の研修参加

一、ＦＸ２・継続ＭＡＳなどのコンピューターの積極利用

たまたま職員の巡回監査に同行しある関与先を訪問した際、あるコンピューターディーラーが来ており、関与先が独自でコンピューターを導入する話が盛り上がっておりました。その会社では過去も他のコンピューターを導入して最初はうまく行っていましたが、そのうち一年ほどして、その機械はほこりをかぶり全く利用されておらず、社長に聞くと機械の担当販売セールスも来なくなり、つい邪魔くさくてもう使っていないということでした。

このため、当会計事務所では毎月の巡回監査のとき、必ず機械の指導などにあたりますので、必ず当事務所のＦＸ２を導入して下さいとお願いし、もう他のメーカーと契約の寸前でしたがなんとか当会計事務所の機械を入れていただくことができました。関与先にＦＸ２を入れようとすれば、コンピューターのセールスマンが頻繁に訪れる現状ではよほど前もって話をしておく必要があります。他のコンピューターを知識不足で何も分からず導入してしまうと、後で困る場合があります。

事務所員全員が研修に参加し、機械の導入についての知識を持ち、関与先より機械の操

作の問い合わせに応じ親切にだれでもが操作の説明をできるようにすることが必要です。先般も関与先のＦＸ２が稼動しないと電話があったので、よくよく聞くと右端のスイッチが入っていないのでした。「カナ」文章を入れていたらピーと鳴ってダメになったなどの問い合わせもありました。こんなときには、少しのアドバイスで機械が動く場合があります。絶えず関与先に機械の操作などを指導できるようにしておくべきです。またコンピューターは目まぐるしく追加機能の継続的開発が行われており、プログラムの変更が度々あります。この追加機能に対応できるような研究も望まれます。

二、所内制度の整備

書面添付を実行していく上においては事務所内の体制が整っていなければなりません。添付書面の記入方法についての質問に対して事務所員が解答し、適切なアドバイスができるように教育することが必要です。職員が一件の書面添付をした場合は報奨制度により、いくばくかの報奨金を給与に加算するなどの工夫も有効かと思われます。また事務所内に申告是認を推進するための書面添付委員会を設置し、月一回委員会を開催し、研究発表を行ったり調査での問題点についての議論などを行うべきです。

一事務所で何十件と書面添付を実践して行く場合、所長一人では決してできないわけで、職員の協力がどうしても必要になってきます。職員の協力によって、事務所の関与先のすべてに書面添付ができるようになると思います。職員一人に一件の申告書面添付運動が大きく実ることを期待します。

三、研修会

毎年四月の中旬、ＴＫＣ全国会書面添付本部委員会が主催して、特別委員を全地域会から各二〇〇名前後集めてグループディスカッションを行っています。この中で実践事務所の経験の発表があり、グループ別に分かれて様々議論を重ね最終的にグループリーダーがその纏めを発表するという段取りになっています。集まった職業会計人がどのように書面添付を推進しているのかを語り合い、各事務所の悩みなども発表しますので、非常に参考になると思います。

この方法を事務所内でも実行すべきであり、事務所内で実践している職員がその実践の経験を発表して、特に新入職員にはその内容を徹底させるべきです。

また、会員のみならず職員にも生涯研修への参加が望まれます。生涯研修の中でＴＫＣの巡回監査体制の講座を受講することによって職員の成長が期待できます。

四、断固たる決意の発表

所長は巡回監査体制を確立するために断固たる方針を立て、文書をもって明確化すべきです。またすべての関与先に対してＰＲをしなければなりません。「今回書面添付を実施することになりました。つきましては正しい納税はもちろん、正しい決算書を作りますので、当会計事務所は職員に教育をし、書類の整理をして、関与先の希望に応えるべく正しい申告を実施いたします。関与先の社長の御協力をお願いしたい」という文書を発送します。

これに社内外および取引銀行にも文書をもって協力を求めます。これにより事務所の決意を明らかにし、あとはゴーサインのみです。

個々の関与先については、この文書発送後個別にはたらきかけ、まず基本契約書に印鑑をいただきます。

そして完全宣言書を説明します。それから毎月の巡回監査の積み重ねによって、一歩ずつ実施して行けば必ずや、すばらしいバランスシートが出来上がると確信します。

五、業務の標準化

(イ) 巡回監査報告書の徹底活用

巡回監査とは、職業会計人が毎月顧問先を回り、会計の資料や会計記録が適法に記録されたかを確かめ、かつ適法性、整然明瞭性、適時性、正確性を確保するために、会計事実の真実性、実在性、完全網羅性を確かめ、かつ指導することです。すなわち毎月関与先に行き、預金、当座、受け取り手形や受領書をチェックして翌月までに月次決算書を正確に打ち出し、経営者に届ける事です。

① 税理士法は税理士業務を行う職業会計人に対し「真正の事実」を確保するために「相当注意義務」（税理士法第四五条二項）を課しています。この第四五条は「相当の注意を怠り」税理士が職業専門家としての知識経験に基づいて通常の不正や脱税相決等の発生を予見し得べきにかかわらず予見し得なかったことについて言っています。すなわち、税理士は、税理士業務遂行上、常に専門家としての注意義務があり、自覚が求められているのです。これを正しく実行するということは、関与先企業から会計資料などを持参させることを常態とすることではありません。あくまで巡回監査に出向くことであります。なぜならば、わが国では関与先企業による会計資料の持参は、会計資料の質または量に関する不当な限定が加えられる可能性を与えるからです。故に会計人は「相当注意義務」の完全な履行のため、巡回監査に行かなければなりません。

※日本の法律では不実記帳に対する刑罰限定がないため、脱税指向を生んでいる事を注意する必要があります。

② 企業の現状把握および経営方針の決定に役立つ助言資料を得るためには、関与先企業の会計資料並びに会計記録を正確なものに方向づける必要があります。参考までに税理士法第四四条、第四五条の内容は次の通りです。

（懲戒の種類）

《第四四条》 税理士に対する懲戒処分は、左の三種とする。

一 戒告

二 一年以内の税理士業務の停止

三 税理士業務の禁止（昭三十六法第一三七号改正）

（脱税相談等をした場合の懲戒）

《第四五条》

一 大蔵大臣は、税理士が、故意に真正の事実に反して税務代理者若しくは税務書類の作成をしたとき、または、第三十六条の規定に違反する行為をしたときは、一年以内の税理士業務の停止または税理士業務の禁止の処分をすることができる。
（昭三十六法第一三七号、昭五十五法第二十六号改正）
二　大蔵大臣は、税理士が、相当の注意を怠り、前項に規定する行為をしたときは、戒告または一年以内の税理士業務の停止の処分をすることができる。
（昭五十五法第二十六号改正）

六、巡回監査の注意事項

巡回監査報告書については、ＴＫＣ会員用、法人用および個人用と消費税用とがあり、また業種別も用意されていますが、この報告書についてはあくまで監査を担当する職員が実行すべき職務基準を明示したものであって、関与先に対するサービス給付のメニューではありません。あくまで会計事務所の所長が職員に対して発した業務命令であり、職員の巡回監査実行義務の最底限界を示したものであります。このため自分勝手に判断して、その内容を省略したり、ここはいいだろうという考えで見落としたりしてはいけないものであります。このため、巡回監査担当者の注意すべき義務は、監査をする上において最も重要であって、監査業務を尊重することが基本原則であることを忘れないようにしなければなりません。巡回監査をする職員は税の専門家として、仕事に誠意を持ち、かつ仕事に情熱を持って事にあたり、税法に基づく会計学を関与先の社長始め、経理担当者によく理解をしていただき、かつ、関与先の経営者の納得を得るようにすべきであります。

そして関与先から本当によくやってくれている、という評価を得るとともに、正しい会計処理についても理解を求めるためにたゆみない努力を払わなければならないと存じます。

七、監査担当職員

監査担当職員は関与先から「仕訳伝票を作成してほしい」などとよく頼まれますが、現金の入金出金の伝票はあくまで関与先が起票すべきものであり、会計担当者は絶対に起票してはいけません。会計の記録の証拠力は関与先の方々があくまで自ら起票すべきであり、先方の記帳が証拠となります。ＴＫＣの収支日記帳の左端には赤字で「毎日の記帳だけが正しい証拠を作ります。（刑法三二三条）」と書いてあります。

個人の記帳能力のない商店の方々にこのことの理解を求め、かつ親切に説明して、われわれ会計事務所の関与先を守るために、商店主自ら記帳するように指導し、ていねいに記帳方法を教えなければなりません。青色記帳を指導する場合でも、また会計事務所の新しい顧問先を迎えた場合でも同じですが、あくまでも現金出納帳と当座・普通預金関係の出納帳は関与先に記入させるべきです。それでないと顧問契約を結ばないという鉄則を守るべきであり、妥協せず、関与先のやるべき事務内容を明示すべきであると思います。

監査担当職員はあくまで事務所を代表する存在です。このために関与先の社長と会計事務所の所長と良好なコミュニケーションを保ち、一つ一つの言動が模範となるように心がけ、常に注意を払うように努めなければなりません。

刑事訴訟法第三二三条［書面の証拠能力］…ここを重視しない会計人が日本には多いことを注意。

前二条に掲げる書面以外の書面は、左のものに限り、これを証拠とする事ができる。
1　戸籍謄本、公正証書謄本その他公務員（外国の公務員を含む）がその職務上証明することができる事実についてその公務員の作成した書面
2　商業帳簿航海日誌その他業務の通常の過程において作成された書面
3　前二号に掲げるものの外特に信用すべき状況下に作成された書面

八、巡回監査上の注意

「整然明瞭性」とは…

商法第三三条（旧商法第三二条）に「会計帳簿には、次の事項（省略）を整然かつ明瞭に記載することを要す」と規定され、また法人税及び所得税関係では左記の如く規定しています。

青色申告の承認を受けている法人は、その資産、負債及び資本に影響を及ぼす一切の取引につき、複式簿記の原則に従い整然かつ明瞭に記録しその記録に基づいて決算を行わなければならない。（法人税法施行規則第五十三条）

「整然とかつ明瞭に記録する」とは、すべての取引が秩序的に記録され、また同一の取引につき数種の帳簿に記録される場合には、その各帳簿への記載の相互関係が明らかにされかつ各取引の性格、金額などが容易に識別できるように記載されることをいうものとする。（法人税旧基本通達三三七）

（取引の記録等）

青色申告者は、青色申告を提出することができる年分の不動産所得の金額、事業所得の金額及び山林所得の金額が正確に計算できるように次の各号に掲げる資産、負債及び資本に影響を及ぼす一切の取引（以下この節において「取引」という。）を正規の簿記の原則に従い、整然と、かつ、明瞭に記録し、その記録に基づき、貸借対照表及び損益計算書を

作成しなければならない。（所得税法施行規則第五十七条）

「適時性」とは…

① 会計帳簿の記載時期に関しては、商法の計算規則も、企業会計原則もその注解も、財務諸表規則も税法も、全く規定を置いてはいません。これは日本法制上の一つの欠陥です。西ドイツ国税通則法（ＡＯ）第一四六条第一項には Neitgerechte Eintragung（適時の記帳）義務を定め、第二項には Kassenführung（現金出納記帳）の義務、すなわち現金出納については、日々記帳を実施すべき義務、を定め、所得税法施行規則第二十九条第２項（Estgr §29 Ads. 2）には信用取引・振替取引の記帳期限（取引発生の日の翌月末日まで）の定めがあります。

② 法人税法施行規則別表２０「1、現金の出納に関する事項」には「日々の預金残高」とあるが、これは毎日記録せよという事ではなく、「記載可能性」があれば良いとの意味である。（大正一二年大審院判例旧商法第三十二条）「暦日に膚接して記載するを要せずと。

「相当注意義務」とは…

相当注意義務とは、職業専門家ならば、一〇人中八、九人までが気が付くような事実に対する関心配置の義務をいいます。

九、職員の定着化

職員を定着化させるためには会計事務所の所長は非常に苦労をしておられます。平成三年度のバブル最盛期に私の会計事務所では新大卒を採用しようと思いましたが、私学の六大学などからは全然来手がなく、結局新聞や求人雑誌に頼り、途中採用を行いました。その後、バブルが崩壊し大学生の就職難の時代になりました。その時に各大学に求人票を送ると少なくとも一〇人～二〇人が来所されました。こうしたときに多くの良い人材を揃えて事務所の態勢を整えるべきだと思い採用しました。今は、そのとき採用した人材が長く勤めてくれて中堅の社員になっているので本当に大助かりです。

商工会議所、税理士会などの職員表彰認定を利用してはどうでしょう。各都道府県の商工会議所では商工会議所に加入している会員の従業員を対象にした永年勤続の表彰制度が実施されています。私の事務所の所属する、大阪府松原市商工会議所には毎年一〇月ごろに、五年以上勤務した者について、各事業所約二〇〇〇企業の内から推薦者を募り、表彰するという規定があります。当会計事務所でも男女毎年何人かは参加させております。一人当たりの記念費は三〇〇〇円前後ですのでその分は事務所でも負担しております。

また、最近税理士会でも事務所職員表彰式がありました。近畿税理士会設立三〇周年記念式典が開催され、対象者は一〇年以上勤務した者で勤務成績が優秀である従業員とされています。当会計事務所では一〇年以上の者五名を推薦し、新年の初出の最初の朝礼のときに全事務員の前で近畿税理士会会長の名で代読し、金一封を渡しました。近畿税理士会の表彰状は次頁の通りです。

表彰状

阪田　斌　殿

あなたは多年にわたり杉井卓男
税理士事務所に勤務しその成績優秀
にして他の模範とするに足ると認め
ますので本会設立三十周年にあたり
ここに表彰いたします

平成〇年十月二十八日

近畿税理士会

会長　森　金次郎

No.38（1—8）

近税6 第435号
（記実　第29号）
平成00年00月00日

事務所職員表彰推薦会員　各位

近畿税理士会
会長　森　金次郎

事務所職員表彰状のご送付について

中秋の候　益々ご健勝のことと拝察しお喜び申し上げます。

さて、さる10月28日、本会設立30周年記念式典を開催し、席上、会務功労会員をはじめ永年勤続事務所職員の方々を表彰申し上げました。

つきましては、当日は多数の方々が対象となられ、ご代表に表彰状をお渡しいたしましたので、被表彰職員をご推薦いただきました先生に表彰状をお送りいたします。

先生から、表彰状をお渡し下さいますようお願いいたします。

末筆になりましたが、貴事務所の益々のご発展をお祈り申し上げます。

一〇、経理の公開

私の事務所では年の始めに一流のホテルを借りて朝食会を開催することがあります。

一月五日午前八時より開始し、所長が今年の一年間の利益計画などの方針を発表するものです。このときに前年一年間の会計事務所の経理を公開して売上や所得をガラス張りにします。事務所で儲かった利益の一定の割合をボーナスとして配分するという心構えが必要だと思います。所員全員の力が売上げを支えているのですから、所長の心の中に儲けをしまわないで、経理の公開、配分が必要ではないでしょうか。

平成七年の一月五日にも大阪都ホテル新館６Ｆで朝食会を行いました。内容は次の通りです。

司会……………職員が担当

1、所長の新年の挨拶

2、今年の方針

3、関与先のＦＸ2の導入（現状五〇社）

4、申告是認書面添付関与先拡大（現状一二〇企業）
5、巡回監査の徹底、巡回監査報告書の提出
6、生保、損保の成績拡大について

二、後継者の育成

後継者を選ぶに際しては、自分の身内の誰かに後継させるかまたは他人を迎えて後継させるかが問題です。まず自分の身内より後継者を選ぶ場合、男性であれ女性であれ、資格を取らせなければ会計事務所の後は継げません。このため資格をいかに早く取らせるかが問題です。中学生、高校生のときから本人を説得し、なかば強制的に税理士の資格または会計士の資格を取るように指導すべきです。本人に小さい時から、いかに税理士の仕事が世の中に役立っているかを何回となく根気よく説明すべきです。税理士になる方法としてはまず資格を得るために必要な五科目（会計学二科目税法三科目）のうち大学院の修士課程二年で会計学一科目、続いて財政学または法律学の修士課程二年で税法二科目が免除と

なり、残り二科目を卒業後に受験して合格しなければなりません。資格を得るために大学四年、大学院四年と八年間大学に通わせることになるので、資金面の負担は大きいといえます。

さて、大学院を卒業して二科目を受験して合格し、さらに二年間の実務を経て税理士に登録してもすぐに役に立つとは限りません。少なくともその後一〇年間は会計事務所の仕事を手伝わせなければならないでしょう。大学院の勉強だけで、法人、個人の決算書の作成や申告書の作成や調査の立ち合いなどができるわけでは決してありません。あまり早く仕事につかせると、大きなミスが発生し、後でそのミスのために事務所に大きな痛手を負うことにもなりかねません。十分実務を経験させた上で仕事を任せるべきです。十分なる育成が大切です。

次に国税職員つまり税務署員として税務署に入所し一定期間勤務してから特別試験を受ける方法もあります。この場合は高等学校を卒業、または、大学を卒業して幹部になるためのエリートコースを進む道とは異なります。各国税局単位で採用試験がありますので、その採用試験を受け国税専門官として一五年勤務の後、特別試験により税理士になる方法です。

いずれかの方法により、税理士資格を得なければなりません。一般の企業であれば何の資格がなくても経営者の後継者になることができますが、会計事務所の場合はそうはいかないのです。

このため長期にわたって人材を育成する必要があるので、早目に手を打たなければなりません。

またわが子でなく他人に自分の事務所を継がせる場合は、事務所に永年勤務して一科目ずつ試験に合格した職員を大切にし、本人にも後継者である旨を伝えて心構えを持たせなければなりません。また資格のある人を採用して最初から後継者をお願いするのもよいと思います。

最近、大阪府の泉南地区の先生が資格を取って、後継者のいない会計事務所を買い取ったそうです。入会金が何万円かで会費が年一〇万円のあるグループに入ると、会計事務所を買い取るか、毎月顧問収入の三〇％前後をその相続人妻または息子に支払って行くかを選択できるのだそうです。会計事務所をやめ、趣味に老後を生きていきたい先生もいらっしゃるのでこのように事務所の売買がなされているようです。ちょうど酒類の販売の免許の売買によく似て来たのではないかと存じます。大型スーパーに酒やビールを売る権利を売るのと同じようですが、税理士の資格そのものはもちろん売買の対象にはなりません。

他人に会計事務所を引き継いでもらう場合は当然事務所の名前が変わります。しかし事務職員は当然そのまま引き続いて事務所に勤務することになると思います。新しい所長と合わない人は退職して行くと思います。ある程度の移動やいろいろな事が生じます。問題は所長が自分一代でその事務所をやめるのか、それとも誰かに引き継いで事務所を引き継がせるかですが、それは先生自身の考え方によります。

現在法律上、税理士法人が設立可能かどうか検討されておりますが、早急に税理士法人設立可能になることを祈る次第です。まずは後継者が安定すれば、自然に先生自身のやる気が起こり、顧問先拡大など事務所の発展が見込まれます。後継者はなるべく若いうちから何十年もかけて育てるという方法が望ましく、税務署を退職された先生を事務所にお迎えして仕事を手伝っていただく方法もありますが、すでに年金生活に入っておられる人を後継者にするのはあまり感心しません。もっと若い人を後継者にすべきです。引き継いでからせめて二〇年以上は会計事務所を継続することが条件ではないでしょうか。

添付書面への理解

一、新規会員

旧書面添付を実践しているTKC会員は、平成九年現在で約一七〇〇事務所です。会員総数が約八〇〇〇名と計算すると約二一％の人が書面添付を実践している現状です。地域会によっては中国会のように会員四五〇名中三六％の事務所が書面添付を実践しているところもあります。つまり、三会計事務所に一軒の割合で実践されているすばらしい地域会もあるわけですが、全般的には五人に一人ぐらいしか実践されていません。この現状からして、もっと書面添付を実践する会員を増加させるのが今後の大きな課題です。

そして新規会員の先生はさておいて、その他の会員に何件かの書面添付を実践してもらうためには、まず認定事務所になっていただかねばなりません、そのため、九〇時間研修という時間のかかる「ハードル」が控えています。この研修すべてにどうしても出席できないというやむを得ない場合は所長代理を参加させます。また秋季大学、夏期大学参加も研修時間に加算されます。この九〇時間研修を受けて初めて、認定事務所の申請ができます。初めから研修を受けずに、認定事務所になりたいが時間がないと言われる先生がいらっしゃいますが、これは、一種の「サボリ」でしょう。研修にぜひ挑戦していただきたいと存じます。

さて、新しい書面添付については、税理士会の研修を利用してTKCのやっているのと同じくらいの研修に参加し自分自身で、研修を受け、新しい書面添付を実施してください。今回の新しい本会の書面添付には、研修のハードルがありません。このため九〇時間研修をTKC会員全員に実施し、その税理士の中からいつでも認定事務所になっていただけるようにすれば新規の実践会員が、もっともっと増加するのではないでしょうか。

実践の条件（最初の一件）

新しく書面添付を実施しようと思ってもなかなか実施しにくく、「何から始めたらよいのか」との、問い合わせがよくありました。また最初の一件が、その事務所のその後の取り組み姿勢を大きく左右します。たまたま一件を実践したら書面添付の内容が正しいかどうかを税務当局が確認するため調査に来られる場合があります。このときしっかりとした態度で調査をパスされた事務所は続けて実践されていきます。ただその時何かの理由で相当の否認事項が発生した場合、その後書面添付を実践しないという人があります。ですから最初の一件が非常に大切です。最初の一件はまず今まで調査を受けて是認通知書をいただいた関与先に書面添付をすれば、事務所に自信がつくのではないでしょうか。

法人税額等の申告是認通知書

当会計事務所の関与先にも経営者が非常に真面目な所があります。自分の経営する会社の経理をガラス張りにしようという考え方が強く、通常ゴルフの接待で自分のゴルフ代を接待交際費として処理する例があるのですが、この方はすべて自分のポケットマネーより支出するという方で、「飲み食い」もすべて自分で払っておられ、得意先の慶弔災害の見舞いやお祝いだけが接待費として支出されております。このため年商二億〜三億あるのですが接待費は一〇〇万円以内に押さえて支出されておられ、非常に感心しています。

この会社に先般法人税の調査がありました。この会社は新しく社屋を建築されましたが、その資金は自分の給与を何十年にもわたって積み立てた預金通帳を大切に保管し、その毎月三〇万円の積み立てが四〇〇〇万ほどになり、これを基にしてあとは銀行より借り入れして八〇〇〇万円の社屋を建てられました。この建物を会社に貸して、家賃を取る方法で、現在新しい自社ビルに入っておられます。税務調査の際はこの建物の建設費の動きは明瞭かつ理論的に説明され、また他の経費も領収書が整備保管され、接待費も少なく、税務調査は無事一日半で終了しました。なんの否認事項も無く、書面添付も六年ほど前より添付しておりました関係上、申告是認通知書がもらえる結果となりました。

この申告是認通知書は大切に保管し、額に入れて飾るように社長に伝えました。また銀行にも見てもらいましたが、その後借り入れするときには、その銀行が非常に好意的でありました。申告是認通知書をおろそかにして、紙くずのように丸めて机の中に入れてしまう社長が見受けられますが、やはりこの書面は大切なものなので、額に入れるか金庫に入れるかして、大切に保管するように指導しています。

実践事務所への密着指導

今まで調査を受けてあまり否認事項が出ない関与先や、また真面目にやっておられる経営者の企業から書面添付を行い始め、次第に件数を増加させていった方がよいと思われますが、何分最初に提出する場合は要領が分からない会員がいらっしゃって、よく電話をいただく場合があります。すでに実践されておられる会員の事務所を見学させていただき要領を聞き、実践されることが早道ではないでしょうか。

一件提出すると続いて書面添付がどんどん実践できますので、最初の一件が大切です。このため実践されておられる事務所が何件かの未実践事務所を担当して指導していただければ、非常に良い結果が生まれる場合があります。ＴＫＣ静岡会ではグループ別に会員が集まり、書面添付やその他事務所経営全般に関わることを話し合っておられ、良い成果を上げておられるのは非常に良いことであると存じます。

二、自信のある関与先からまず書面添付を！

今まで一回または二回の調査を受け、別添の申告是認通知書をいただいた関与先は、各先生方にも何件か必ずあると存じます。その何件かをまず書面添付することにより自信がわき、税務調査もスムーズに行われ、早い時であれば半日で終了することがあります。必ず全関与先の一割は申告是認通知書をいただくことがありますので、そこから最初の一件を提出してほしいと存じます。

税務署よりの申告是認通知書

納税地	○○○　○○○　○○○○
法人名	株式会社○○○○
代　表 者　名	○　○　○　○　殿

法第316号
平成○○年1月25日

○○○税務署長　○　○　○　○　印

法人税額等の申告是認通知書

貴社から提出された 自平成○年○月○日 至平成○年○月○日 事業年度分の確定申告書の内容は、現在までの調査の結果によると適正と認められ申告是認の処理をしたのでお知らせします。

なお、今後とも適正な申告と納税にご協力くださいますようお願いします。

対象関与先企業の選定

関与先の経営者によっては、少しでもごまかして安い税金を支払いたいと思う人もあれば、利益の出たものは支払うという信念をお持ちの経営者もいらっしゃいます。税金を少しでも安くしたい、また支払うのならば「ドブ」に捨てたほうがましだという経営者の会社は、必ずといっていいほど成長しないのは、不思議に思えます。

税金を少なく安く、という考え方は、その企業が後ろ向きに物事を考えることを示しているので、自然に事業が衰退して行き、いつまでたってもその企業は大きくなりません。反面、利益が出ればどしどし税金を払って行く会社は、いくらでも大きくなり、成長していくのは、本当に不思議な現象です。こうした真面目な企業から書面添付を実施して行くようにすべきで、その企業の真面目さを十分に理解、応援して、会社の発展にわれわれは貢献すべきであると考えます。

経営姿勢が真面目な企業から

先日ある会社の社長にもっと接待交際費を使ってくださいと申しましたら、接待費を使うことは、会社からそれだけ資金が流出することでつまり、自分のポケットマネーから支出しているのと同じである、とおっしゃっておられました。個人も企業もむだな支出は自ら苦しめることになるのですから、その通りであると思います。書面添付企業は、このような真面目な経営者の企業から選定すべきです。

三、達成基準の見直し

添付書面の簡素化

「職業会計人の王道を行く」という標題の書面添付を推進するための本の中で、「書面添付の抜本的改革」をというタイトルで、添付書面をもっと簡易にするということを書いています。添付書面を簡素化すれば、誰しも書面添付がしやすく、件数が増加するであろうと思いますが、決してそうではなく、やはりその事務所の所長先生の〝前向き〟〝やる気〟にかかっているわけです。TKCの飯塚名誉会長もおっしゃっていますが、人間はつい、怠ける方向に向かって行きます。税務当局に提出する書面があまりにも簡単で重みのないものであれば、当局の見る目も自然と軽くなるのではないでしょうか。TKC全国書面添付推進委員会前委員長の宮崎健一先生がある夜TKC飯塚会長より電話を受け、「いつも安易にはしる事を、戒められました」と言っておられましたが、やはり、添付書面はあまり簡素化しすぎるとだめではないでしょうか。税理士法第三三条の書面を一枚付けただけでそれを一件と数えればよいという極端な意見も中にはありますが、確かに税理士法第三三条の二第一項は、この書面だけでその税理士がどの程度の責任をもって作成したのであるか、どの程度の内容に立ち会っているかを記入すべき内容でもあり、この書面をも添付するだけでは、税務署長が更生するときは、税務署長はその税理士の意見を聞く機会を与えた後でないと更生できないとしています。TKC会員以外の先生方で、この書面だけをつけておられる税理士、公認会計士がいらっしゃって特に会計士の先生に多いように思います。

先日もＴＫＣ全国会書面添付委員会正副委員長会でこの件を取り上げて、半日かかって検討いたしましたが、あくまで巡回監査報告書などは事務所保管で、提出しない書面はあくまでも事務所に保管し、いつでも提示できるようにすべきという意見が多くありました。私は、添付書面の簡素化は感心しないと思います。事務所内では、やはり原理原則通りの方法でやって行き当局に提出するときのみ、簡素化して行くという方法を取りたいと存じます。

リスマネ基準の見直し

リスクマネージメントについて、申告是認との何の関係があるのかという質問が聞かれますが、特に関与先の工場の安全なる操業を期する上においては損害保険の付保は絶対必要です。当事務所の関与先に○○株式会社という法人がありました。大阪市内の生野区にあり、そこは工場の密集地でした。関与先になると同時にリスマネの件で話し合いをし、工場に最初一億円の火災保険を勧めたが、費用などのこともあり四〇〇〇万円火災保険に入っていただき、約一〇万円前後の保険料をいただきましたが、これが二〜三年続き保険に入った丁度五年後、その工場に火災が発生しました。昨年は景気も芳しくなく、売上が下向き傾向にあったさなか、工場が火災になり、非常に大きい損害にあいました。幸いにして、工場の中のものは外に運び出し、建物のみ被害を被りましたが、火災保険が頼みの〝綱〟で、本当に経営者も喜ばれ、保険で今回新しい建物を新築されました。最初お勧めした時はあまり関心がありませんでしたが、社長からも本当によかったと言っていただき、今も続けておられます。

言うまでもなく、リスクマネージメントをお勧めすることにより事務所の顧問料収入以外の収入が増加しました。年三〇〇〜四〇〇万円が保険収入になり、それを活用して二年に一回は海外旅行に全員参加させ、また海外に行かないときは国内で社内慰安旅行を実施しています。本当に保険の収入は大切な収入源であり安定もしています。リスク対策のうちには生命保険もあります。大同生命と現在代理店契約を結んでおります。

会計事務所と生保代理店

現在ＴＫＣ会計人と契約している生命保険会社は大同生命保険株式会社です。個人的には日本生命や安田、住友のように個別に契約されておられる会計事務所がありますが、おおむね大同生命保険株式会社と契約しております。また納税協会も主に大同生命をつかっておりますので、私共も大同生命にて保険を契約しています。

現在生命保険の契約保有高は約一〇〇億円です。主に法人の関与先に生命保険の掛け捨て保険が主です。生保の収入については各巡回監査担当者に対して生命保険の収入の何割かを臨時賞与として支給しておりますので、仮にある関与先に対して一億円の保険を加入すれば、代理店の収入が〇〇万円で本人に〇〇万円入るというわけで、事務職員にとっても特別臨時賞与ですので、非常に喜ばれています。これもコンテストの期間があれば六月七月、一〇月一一月と二回にわけて実施されます。事務所にとっても、その後加入された保険が続けば年に保有高に応じて手数料が入る仕組みになっておりますので非常に潤うわけです。また総合リスクマネージメント指導書を見せ、その会社に何が不足しているかを指摘し、火災保険や自動車保険や、企業防衛制度（生命）などの中から、未加入の保険を勧めて、関与先に保険に入ってもらうようにすべきであると思います。このためリスマネ基準を満たすことは同時に非常に大きな事務所の収入増になると存じます。

四、マルトク（㊕）委員長

新規認定事務所を㊕委員長に任命

過去一〇年間毎年全国から㊕委員長約二〇〇名ほどを東京に集めて㊕委員長研修会議が実施されて来ました。各地域会より一〇名～二〇名ほどの㊕委員長が参加され、最初は飯塚会長の講演があり、次に研修会パネラーをかこんでの研修会、グループディスカッション等が二日間にわたって実施されて参りました。私も総合司会を三回ほど担当させていただきました。国税庁の所得税課長も来賓としてお招きをして一言お言葉をいただいた時もありました。北は北海道より南は沖縄まで約一七〇名の先生が参加されました。この研修会から各地域会に帰って、未実践の先生方に㊕委員長が実践方法を指導していただき、一人でも多くの参加者が出るようにしていただきたいものです。

研修会の午後よりグループ別に別れてディスカッションを実施しました。どのようにして一件でも多く書面添付をするか、そのための方法について会計事務所のレベルアップを始め本当に多くの有意義な意見が出されました。

一人が一人を

この会議に参加した㊕委員長の先生には地域会に帰り支部の先生方や知人・友人の先生方で未だ実践されておられない人に誘いをかけ、書面添付はこのようにして提出すべきであるとの指導をお願いするべきであります。書面添付は、一会計事務所が一〇〇件も二〇〇件も提出するのではなく、一会計事務所で三〇件～五〇件、毎月平均一ヶ月三件程度の件数を会員の先生八〇〇〇人が出せば自然と一六万～二五万件になります。日本全国法人の三割ほどが提出されれば現在の優良法人一万五〇〇〇件をはるかにオーバーします。その結果、税務当局も調査をする人員と時間が省けるのではないでしょうか。すべての税務署に書面添付された申告書が行き渡り、誰でも、どこの会計事務所でも、自信のある申告書に書面をどしどし提出して、申告是認を求めるべきではないでしょうか。優良法人とTKCの書面添付とは重複する場合がありますが、当然それでよいわけで、優良法人は五年に一回の調査があります。当事務所でも税理士法第三三条の二に基づく書面添付を添付してあり、当然そこに調査があります。過去、否認される事項はあまりなく、非常にうまくいっていると思います。もちろん優良法人でありますので税額は三〇〇〇万円以上です。景気に影響される場合はありますが、たえず良い営業成果を上げています。これが書面添付と優良法人の企業です。こうした企業をもっと多くしたいものと存じます。

五、法的防衛の理解

今から約一〇年ほど前、当会計事務所の関与先の社長より電話があり、「先生今度銀行より借入をしたいのですが会社が不振で赤字が続いています。それで銀行の支店長から赤字の決算書の会社には貸付できないと言われてしまいました。少し売上を増やして黒字にしてくれませんか。先生の事務所には決して迷惑はかけません。なんとか、よい決算書を出していただけませんか」という依頼がありました。昔々はどこの会計事務所でも、関与先の依頼により、黒字の会社の決算書を作成していた時代がありました。その後、法的な責任などが問われる時代になってきて、今ではそういう依頼があれば、すべての税理士が断ると思いますが、昔はよくしたもんだと聞きます。

当然この行為は粉飾決算になり、会計事務所の責任が追及されます。関与先のたっての依頼とはいえ、当然だめな事はだめ、あっさりと断るべきであると思います。

関与先の保証についても同じで、わずかな顧問料で借入金の保証をし、バブル崩壊により連帯保証のため税理士事務所を閉じた先生が近畿税理士会でも十数人いらっしゃると聞きます。五万～一〇万円の顧問料で、その会計事務所のすべての財産を失うことは、本当にしのびがたいと存じます。当会計事務所では保証人を頼まれれば、税理士は保証人をすることは禁じられておりますと先方の社長によく話をし、どうしても保証人になってほしいといわれれば、関与先の顧問契約を解除する方針にしています。その一人の関与先により他の何百件という関与先が共倒れになることは非常に残念です。事務所の方針をはっきりとさせるべきです。

ＴＫＣではこのため「書類範囲証明」をいただきます。税理士がどの範囲で責任を持つかを明らかにし、その範囲外の責任を回避できるという契約です。私たち税理士は当然、この証明書を添付すべきであると思います。この「書類範囲証明」は各種議事録から始まり棚卸表、売上、仕入の元帳、請求書および、源泉徴収関係綴まで含まれます。この多くの書面の中で監査担当者がどの書面を見て決算を作成したかを確認するものでありますので、後日国税当局の調査や税理士の責任問題が発生したときには非常に役に立つのではないでしょうか。すなわち税理士のあずかり知らない所で不正が発見された場合、当然その経営者に責任があり、書面の範囲では不正は発見できない由を申出すべきであると思います。

弁護士との提携

関与先が一〇〇件を越えると、手形関係の法律的解決や、不動産業所得における借地権の問題などわれわれ税理士では解決できない問題がいろいろ発生します。先般もある関与先で手形債権が何ヶ月も滞り、その全額の回収のために製品の出荷やその問題点について先方と話し合いをした例がありました。また、従業員持株制度を採用していたある関与先で、その従業員が今般退職し、一株五〇〇円を二〇〇〇円で引取ってほしいと申し出たそうです。断ったところ、裁判になりました。この関与先は上場していないので株式評価に基づいて一株当りの評価を出したところ、一株一五三〇円ほどになりました。このため株式の引き取りの裁判になりましたが、結果的には会社側が勝訴となり、一株五〇〇円でしか引き取らないこととなり、本人は五〇〇円で五万株を現金化した次第です。

また、不動産業をしておられる関与先が、古い借家（関西では文化住宅という）を取り壊し新しいマンションを建築することになりましたが、現在居住しておられる人々に保証金（立退料）を支払うことになりました。立退料は家賃の一年分〜二年分と実費が計算され、一人一人に交渉し、立ち退きが完了しました。これなどもやはり弁護士と相談のうえ決定したことです。

総合事務所

先日ドイツのダーテフ計算センターとドイツ税理士会を見学した際、ドイツの財務大臣が総合事務所のことを話しておられました。総合事務所に行けば、法律のことから税金決算事務、また土地の登記や会社の設立まですべてが解決できる、そんな「士」の会館の総合事務所の設立がわが国にも近い将来に実現するのではないでしょうか。

職業会計人の支援体制

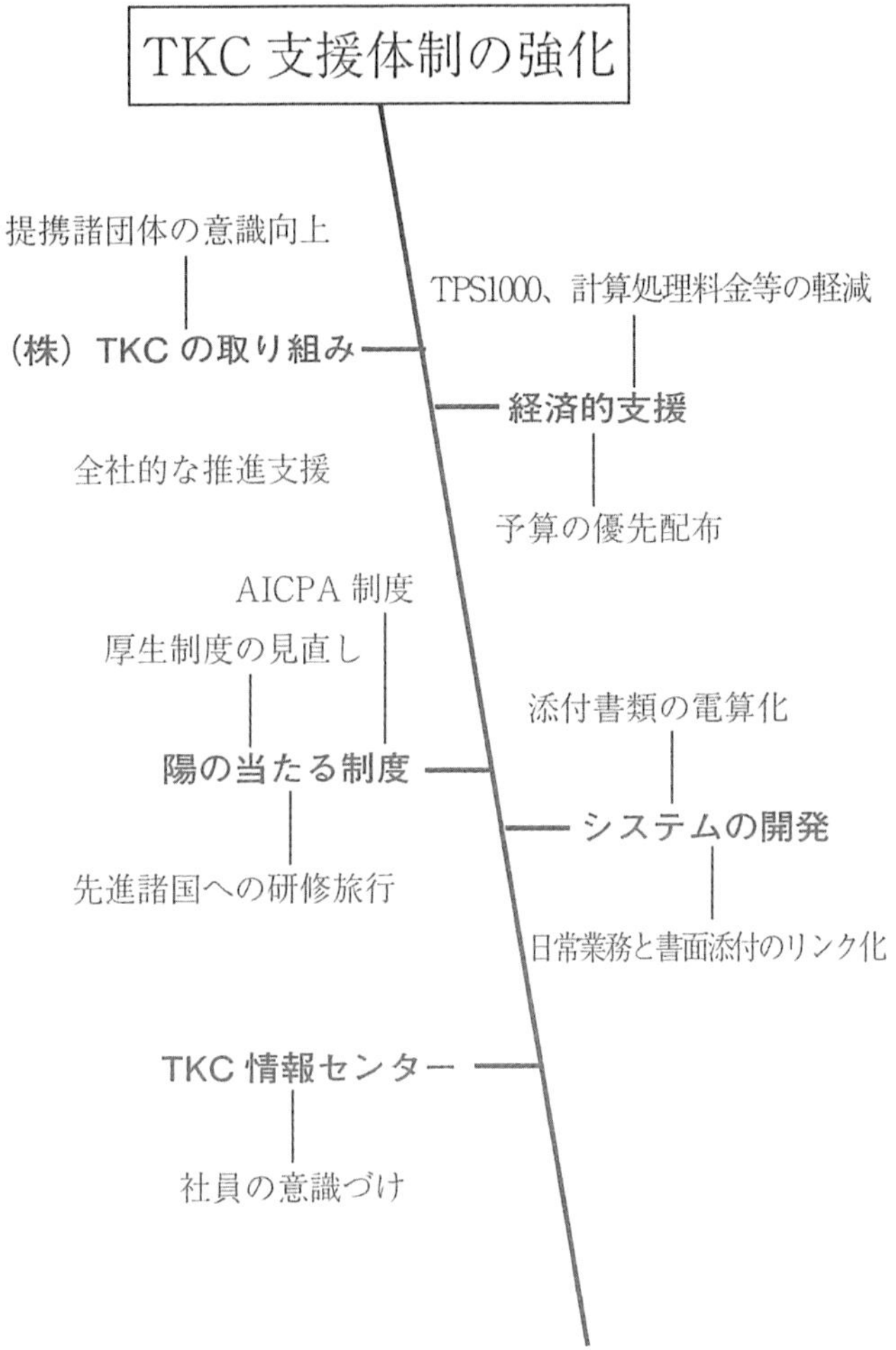
TKC 支援体制の強化
提携諸団体の意識向上
(株) TKC の取り組み
全社的な推進支援
TPS1000、計算処理料金等の軽減
経済的支援
予算の優先配布
AICPA 制度
厚生制度の見直し
陽の当たる制度
先進諸国への研修旅行
添付書類の電算化
システムの開発
日常業務と書面添付のリンク化
TKC 情報センター
社員の意識づけ

一、提携諸団体の意識向上

職業会計人は生保では大同生命保険、損保では東京海上、同和火災、興亜火災の三社と、その他、殖産住宅、セキスイハウスなど、また銀行や多くの会社と提携を結んでおります。しかし各企業は自社の業務推進には非常に熱心ですが、われわれの求めている書面添付推進運動についての理解は今一歩と存じます。書面添付運動は〝じみ〟でなかなか提携諸団体にＰＲされていないようです。夏期大学や秋期大学などには参加をいただいておりますが、研修会などの参加はありません。ただ書面添付の会議などにおいて特に大同生命または損保三社の各支社の会議室を利用させていただいており、感謝しています。

全社的な推進支援を

現在のＴＫＣの関連会社ではすべてＴＫＣ会員に対して支援体制を取っていただいて

おりますが、書面添付の推進について、さらに強力な支援をお願いする次第です。

二、経済的支援

ＴＰＳ計算処理料金等の軽減

現在、法人税の申告書別表はＴＫＣの法人税別表作成システムＴＰＳ１０００のチェックリストを作成して伝送すると自動的に計算された申告書が打ち出されて参ります。現在はないと思いますが、以前はＴＰＳを使うと従業員の別表の作成能力が低下するので、ＴＰＳを使わないという事務所がありました。しかしやはり人間の書いた申告書別表は、書き落としなどいろいろミスが発生します。当事務所も手書きの法人税申告書は毎月税務署より電話があり、誤りが指摘されておりましたが、ＴＰＳ１０００を利用するようになってからは、税務署からの電話がなくなりました。そのＴＰＳが一件当たり二〇〇〇円必要であり、再度出すとまた五〇〇円がかかり、そのあとは何度出してもそれ以上はかかりませんが、失敗のないようTPSは一回で作成するようにしたいものです。ただ書面添付をしておられる事務所は一件当たり一二〇〇円の値引があり、TKCの計算料が書面添付した企業の件数だけが値引される仕組みになっており、これも㈱TKCによる書面添付推進に対する経済的支援の一環であると思います。

予算の優先配布

現在TKC全国会より各地域会に配布される予算の中で、特に書面添付推進のために使用する財源として、予算を配布されております。この財源は例えば近畿会の場合、江坂東急インホテルで一〇〇名ほど集まり、グループディスカッションをする時の臨時の費用などを補填するために使う費用です。

TKC全国会から配布されているこの財源を使い有意義な会議、グループディスカッションなどを行い、書面添付推進に向かうべきであります。

三、陽の当たる制度

厚生制度の見直し

ＴＫＣの計算料を支払う時に、計算料の下に「ＴＫＣ全国会厚生制度規約に基づき当月分の売上割戻し分を生命保険料として、大同生命保険株式会社にたいしてお支払いいたします」と書いてあります。このランク付けをする際にはその事務所の書面添付の件数の実績割合を充分勘案して、ランク付けする必要があると思います。

先進諸国への研修旅行

ＴＫＣグループではアメリカやヨーロッパに希望者を募っての見学旅行が時々実施されておりますが、大同生命の企業防衛の表彰旅行以外なかなか参加する機会がありません。

機会を見つけて外国の税務調査のあり方などの研修ツアーがあってもよいと思われます。

ＡＩＣＰＡ制度

以前、ＴＫＣの全国会理事会において飯塚毅会長が全員の前でおっしゃっておられましたが、飯塚会長がニューヨークの大学で講義されたその帰り、アメリカの公認会計士協会を訪問されました。公認会計士協会の会長にお会いするため、アポイントを取られました。当日不在で公認会計士協会の広報責任者に面会されました。アメリカ公認会計士協会ＡＩＣＰＡには現在四〇万人の公認会計士がおられるがその内、このＡＩＣＰＡのアメリカ公認会計士協会に入会されておられる公認会計士が三〇万人のみで、残りの一〇万の人は公認会計士協会に入会できないそうです。非常に厳しい審査があるので、四人に一人の割合の公認会計士が協会に入会されておらないという現状です。厳しい規定を設けてもなおかつ、日本公認会計士の約四〇倍の人がこの業界におられるということになります。普通の会社に勤めている公認会計士も多くて、上は役員から部長、下は平社員まで公認会計士という会社があるそうです。

現在日本税理士会の中には楽をして儲けようとする人がいます。どの方向に向かって足取りを進めるのか、これはわれわれ職業会計人に与えられた課題ではないでしょうか。税理士法第三三条第二項に基づく書面添付を勧めても、まだ全体の二割前後の人しか実践されておりません。

日本人は「法卑」の人が多い、といわれております。つまりいろいろ理屈を言って逃げ回る人が多いというのです。添付書面の「完全性宣言書」は原本で必ず付ける必要があり、ドイツでは法律で「完全性宣言書」の提出を義務づけている現状です。ＴＫＣの会員先生も、法卑にならないで、最初から正しい書面添付を提出するよう心掛ける必要があると存じます。

四、システムの開発

書面添付の作成システム

ＴＫＣでは、今現在書面作成のコンピュータ化を目標に、システムの開発にかかっておられると存じます。この本が作成できるころにはそのシステムができているのではないかと存じます。

書面添付の税理士法第三三条第二項の用紙についてもコンピューターの画面で表示され税理士事務所、事務所名、氏名などを打ち込み、依頼者の関与先、住所および氏名も画面で打ち込んで行き、提示を受けた帳簿書類についても記入し、計算し、整理した主な事項や、相談に応じた事項についても画面で打ち込みができるようになると思われます。基本約定書も当事者甲の氏名や、当事者乙の氏名も記入できると思われます。また完全性宣言書や書類範囲証明書も冊数や備考も記入して打ち出すことができると思われます。コンピュータ化により添付書面の手書きが必要でなくなるようにしていただきたいものです。

日常業務と書面添付のリンク化

書面添付と申告是認を前提に、会計事務所の日常業務の中にその要素を取り入れるように心がけるべきです。現在税理士法では「書面添付を提出することができる」となっておりますがこの条文を変更して、「添付しなければならない」というように変更すれば、すべての税理士が書面添付をするようになるのではないでしょうか。書面添付をすれば誤った会計処理による決算や、正規の簿記の原則にのっとっていない決算などには当然税理士の責任問題が発生します。このため、会計事務所の職員全員が心を引き締め、関与先の不当な申し出があってもあくまで会計事務所の主張を申し出て、絶えず正しい原則を守ることができます。だから会計事務所の業務全体と書面添付推進活動をリンクして行くようにすべきではないでしょうか。

五、情報センター

社員の意識づけ

各都道府県にＴＫＣの情報センターがあり、各会計事務所の担当の社員がおります。彼らは会員の増強や、「ＦＸ２」（関与先のコンピュータ化）の導入や、各システム活動などに多忙を極めており、なかなか書面添付の普及などはできません。ＴＫＣの情報センターの社員に、税理士法三三条第二項に基づく書面添付とはこのようなものであり、このようにすべきであるという指導をしていただき、各事務所をまわられる時に書面添付を一言すすめてくれれば書面添付件数が増加すると思います。会員自身の推進活動としては㊕委員長を任命して、サークルを沢山つくり、周囲の先生方を指導して行くやり方は静岡会が進んでいます。ほかの地域会はなかなか進んでいません。会計事務所の先生方は勉強会で集まる機会が少なく、ゴルフや飲み食いの懇親会が先行している現状です。結論としてＴＫ

Ｃの支援も必要ですが、何といっても事務所の先生の心構えが一番大切であると存じます。先日もある会社の調査がありました。法人の調査は各税務署の第二部門～五部門の国税調査官が担当しますが、今回は私の関与先は書面添付はもちろん、優良法人の指定を受けており、一時の景気が良くない時は別にして、コンスタントに何千万円の法人税額を支払っておられるまじめな社長でした。その調査を第一部門の上席の方が五年に一回ですと言われて法人税の調査を受けました。二日間でした。だいたい中小法人の調査は二日～三日の調査が常ですが、午前中は法人の概要を聞かれ、午後から例の通り売上、仕入をチェックされました。多少問題となったのは、新しい工場倉庫二〇〇坪に三階建を新築しましたが、土地を購入してからその土地の建築にかかる二ヶ月間のブランクがありました。このときの土地購入の支払利息の損金不算入があり、この二ヶ月はモータープールとして工場の製品や車両を保管していました。この件の他に、福利厚生のために購入したある物件の登録料の損金の問題がありました。そのほかは書面添付をしているくらいですから非常に正確に明瞭にやっておられたようでした。最終的に税務署を訪れ、法人第一部門の上席の上司の統括官に面会しましたところ、非常に経理内容についてほめていただき、さすが書面添付をしておられるだけあって、非常に良いと言われました。また少し問題はあるがこの調査は申告是認としておきますと統括官に言われて社長はじめ私も非常に喜んだ次第です。日頃関与先に対してきちんと指導していた結果、このように是認になり、喜び一杯で税務署を後にしました。本当に書面添付をしてよかったと思っております。

支部例会と生涯研修

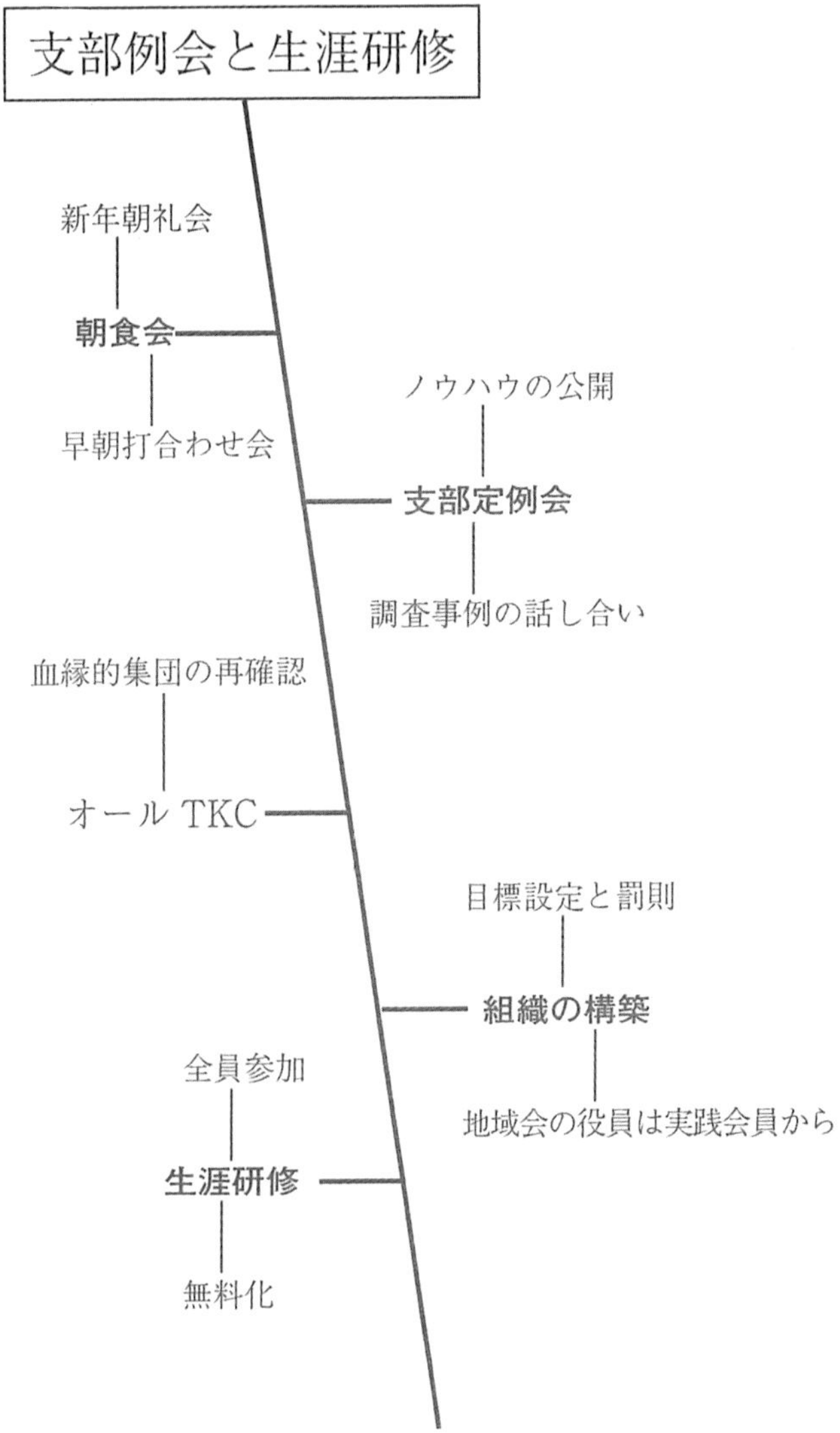
支部例会と生涯研修
新年朝礼会
朝食会
早朝打合わせ会
ノウハウの公開
支部定例会
調査事例の話し合い
血縁的集団の再確認
オール TKC
目標設定と罰則
組織の構築
地域会の役員は実践会員から
全員参加
生涯研修
無料化

一、支部例会

ノウハウの公開

私の属している支部は東大阪支部です。支部の例会を開催してもなかなか先生方が集まらない現状です。私が支部長の時、先生方に集まっていただける「何かを」用意しましょうといろいろ考えたあげく、まず本当に上手に事務所を経営しておられる会員の事務所の見学をしようということになりました。古くから開業しておられ、いろいろな事務所のノウハウを持っておられる先生の事務所が良いということで訪問先を決め、事務所見学をかねた支部例会を開催しました。

日頃一〇人前後の支部の例会でしたが、この時は三〇人ほどの参加があり、ほとんどの人が支部例会に集まりました。参加された先生方は自分にないノウハウを求めようとして集まったわけでした。事務所の机の配置、受付の雰囲気、仕事の流れ、またファイルの仕方などを見学しました。この事務所にはいろいろな特色がありました。給与の決め方にしても、この事務所ではいろいろの手当があります。たとえば、法人税や巡回監査の推進状況による業務推進手当などです。固定給を少なくして、そして手当を多くするというやり方でした。事務所によって給与の決め方にもいろいろ方法があるものだなと思いました。またある時、若手の先生で最近急成長された事務所を見学したところ、新しい顧問先をどしどし増やすが、そのうち書面添付の申告是認の方針に従わない経営者はこちらが解約して行く方針だとのことでした。何回言っても売上の計上漏れがあり、個人の口座に入れてみたり、またプライベート費用を会社で落としたりする社長がいる。そして一番悪いのは売上を調整することで、最初口頭で注意してそれでも言うことを聞かない場合はこちらから顧問契約を解除していくそうです。またいくら言っても帳面をなかなか記帳されず本当に困るような関与先も解約するとのことでした。会計事務所にはいろいろノウハウがあり、得る所があると思うような資料を多くいただけます。各々の会員の開業年数や規模によりどの事務所を目標にしていくかを選ぶ。今現在事務職員が一〇名で次の目標が二〇名とすれば二〇名の会員の先生の事務所を見学させていただく。開業したての事務所にはビッグ事務所はあまり参考にならないので、五～一〇名の事務所を見学すればいろいろ参考になる知識が得られるものと思います。ＴＫＣのセンター長にお願いすれば、小・中・大事務所を紹介していただけると思いますので、その事務所のノウハウを聞かせていただいて、参考にすればよいのではないでしょうか。当事務所も見学を歓迎していますので、希望される方は見学に来所して下さい。先日も三会計合同で約三〇名の先生と職員が見学に見えました。事務所も大きくなれば職員を管理するため、給与計算や社会保険事務など種々の雑用が発生します。ある事務所では銀行から人を引き抜き総務部長兼所長代理として総務全般の仕事をさせておられますが、総務課または総務部を設けることは、それだけ間接人員を増加させ、扶養人員を増やすことになるので極力少ない人員で総務の仕事をさせるべきで、その事務所人員の一〇％を超えてはならないと私は考え、そのように実行しています。

調査事例の研究

私たち職業会計人は何かで会合をもっても、事務所の内容までつっこんだ話し合いをする機会がありません。ＴＫＣ会計人のようにグループ別勉強会などであれば議題を出し合って、その問題を研究する場合がありますが、税理士会では一般の仲良しクラブのようなものであり親睦が中心です。

以前、ＴＫＣ全国会業務改善委員会から〝ＴＫＣ会員事務所のジャンプのために〟〝ホップ・ステップ〟というパンフレットが発行されていて、その第一〇号に税務調査の事例が掲載されていましたが、とても参考になります（91頁〜94頁参照）。ＴＫＣ全国会では、このような活動が活発に行われています。

交通事故による車両の修理代と保険金収入

調査対象：法人　（事例１）

調査業種：建設業

規　　模：資本金 10,000千円　年商 72,000千円

書面添付対象：対象外

事案の要旨：車両事故（交通事故）により、その修理代は損金の額に計上されていたが、保険金収入は計上漏れとなっていた。
車両は会社名義であるが、その保険は無事故割引の関係で個人名義(社長名義）の契約であったため、保険金額は個人口座に振り込まれていた。

事実関係：

対象法令等　法22条２項

指摘事項　車両の保険料は全額会社で損金処理されているにもかかわらず、その保険金収入が計上されていない。

結　　果　修正申告をした。

反　省　点：交通事故に関係する車両の修理代の支出があった場合には、保険金収入が計上されているかどうかを確認する。
この場合に、保険契約が個人名義でされていることもあるので留意する。

使途不明金及び使途秘匿金

調 査 対 象：法人　　　　　　　　　　　　　　　　　　　　　　　　（事例２）

調 査 業 種：建設業

規　　　模：資本金 1,900千円　年商 110,000千円

書面添付対象：対象外

事 案 の 要 旨：元請からの経費の付け回しの事実が元請側の調査過程で明らかになり、調査を受けた（反面調査の一環と思われる）。

平成３年にも調査を受けているが、当時の指摘事項の改善状況の確認の意味も大きいように思われる。

事案は、元請が当社への外注費を水増しして支払い、当社はその架空外注費相当額も収益に計上し、水増し分をキックバックしていたものである。

当社はキックバック分を捻出するために利用していない飲食店等の費用を接待交際費として支出したり、また、架空人件費を計上していた。

この事案は、税務署の事前調査により証拠が固められていた。

事 実 関 係：

対象法令等　措法62条２項　　法基通９－７－20

指摘事項　上記の使途不明金を３年にわたり所得金額に加算する必要がある。

結　　果　修正申告をした。

反　省　点：今後は使途秘匿金として扱われ、課税強化されることが明白な反面、業界特有の商慣習であり、つけ回しの拒絶は取引の中止を意味するため、指摘を受けたような取引が消滅するとは思えない。しかし、当社の場合、過去における帳簿の整理、保存状態が著しく不良であったことが問題を倍加したと考えられるため、帳簿の整備を万全にしていくよう指導していくことが非常に重要である。

棚卸資産の計上漏と加算税

調査対象：法人　（事例3）
調査業種：製造業
規　　模：資本金 10,000千円　年商 1,300,000千円
書面添付対象：対象

事案の要旨：棚卸資産の評価方法は、原材料については最終仕入原価法を、製品については売価還元法を届け出ている。
毎月末に工場で担当者が在庫を調べ、数量と単価（原材料については仕入値を、製品については売値）を記入した上で、経理担当者に回し、経理担当者がそれを集計し、起票していた。しかし、決算月には原材料の中の一品について、原材料の表示がなく製品の下欄に書かれていたため、経理担当者は製品と判断し、売価還元の計算をした結果、棚卸額が過少となった。

事実関係：
対象法令等　法29条
指摘事項　決算月の前月までは正しく評価されているのに決算月についてのみ、原材料の一品を製品としたのは、工事担当者と経理担当者（同族関係者）が申し合わせて故意に行ったのではないか、との疑いがある。
結　　果　偶発的なミスであり、決して故意ではないことを説明し、重加算税の対象としない修正申告に応じた。

反省点：原材料と製品の中には類似した品名があり、表示を徹底するよう指導した。

＊＊ＴＫＣ法律情報データベース（ＬＥＸ／ＤＢ）＊＊　（事例３の参考情報）

《税務判決要旨》　　情報提供　ＴＫＣ税務研究所

【文献番号】　６００２２４３５

【文献種別】　判決／福岡高等裁判所（控訴審）

【判決年月日】昭和35年９月９日

【事件番号】　昭和35年（ネ）第102号

【判示事項】　重加算税決定取消請求控訴事件

【審級関係】　第１審　２１０１２４２０

熊本地方裁判所　昭和32年（行）12号

昭和34年12月４日判決　　(LEX/DB 60022435)

【判示事項】　重加算税の賦課処分が違法とされた事例

【判決要旨】　Ｘ社には、経理専門の担当職員がいなかったため、会社代表者の姪Ｔに依頼していたところ、⑴ＴはＸ社の店員等が分担して商品目別に摘記した計算表を自宅に持帰り、夫Ｍに手伝わせて、その計算表に基づき棚卸表を作成したが、御召の部はＭが記帳したところ、その金額合計は65万円余となり、Ｍは、これを算用数字をもって「￥65,9200」と記載し、通常千の位取りを現すコンマを誤って万位のところに記入したこと、⑵Ｍは、御召の部の合計はコンマの位置からみて、６万５千円余であるのを誤って「０」を一字多く記入したものと簡単に思い込み、これを訂正するため、前期合計数字の末尾に「０」を書加え、下位２桁の「０」の下に線を引いて下位２桁は銭位を表すものとし、結局、６万５千円余と読まれるように書改めたこと、⑶税理士事務所の職員もまた不注意にも、位取りの誤りに気づかず、そのまま看過してしまったこと、⑷その結果、貸借対照表に記載された棚卸商品の合計金額は、実際の金額よりも59万円余少ないこととなり、これを基礎として確定申告書が作成され、そのまま税務署に提出されるに至ったこと、これらの事実に照らし、金額の誤記は、当事者に作為あったものとしては余りにも見えすいた幼稚なものであり、かつ、前記棚卸表を更に改ざんし又は隠匿した形跡も証拠上全くうたがわれない点に徴し、Ｘに事実の隠ぺい又は仮装の故意あることを前提とする重加算税の賦課処分は違法である。

このように他の会計事務所で調査を受けた事例を研究して何がどのようにして否認されたか、何が悪かったなど、お互いに参考にしているのは良いと思います。

二、組織の構築

目標設定と罰則

生涯研修については、近畿四地域会のうちＴＫＣ近畿京滋会については、一九〇名の会員全員が生涯研修を受講するということで、会員の中に研修費用を分割負担させております。ＴＫＣ南近畿会では過去は一人当たり一〇万円今現在は三万円ですがとりあえず三万～五万ぐらい必要です。また生涯研修を受講しにくい会員もおられます。大阪で研修セミナーを開催しても和歌山の串本から約三時間が必要です。遠い先生方をどのようにして参加していただくか、テープで本人に渡しても必ずしもそのテープを使用していただけないのが現状です。ＴＫＣの全国の地域会のうち八地域会〜九地域会では全会員が生涯研修受講者であると聞きますが、やはり反対される会員がおられ、なかなか全員参加は難しい。また、場所の確保も大変です。ＴＫＣ南近畿会の場合は四〇〇名会員が入れる研修会会場が必要なので会場探しも大変です。

ＴＫＣ南近畿会では四〇〇名全員に対して、一人当たり一万円徴収して、研修を受講するしないは別にして参加されない先生には本とかテープを配布してはどうかという意見がありましたが、各支部で検討した結果反対が多く全員生涯研修参加は見送られることになりました。ただ将来ＴＫＣ会員全員が研修参加者であるべきではないでしょうか。

地域会の役員は実践会員から

地域会の役員の中には書面添付を実践されておられない先生方がいらっしゃいます。せめて一件以上の書面添付が望まれます。書面添付をやっておられる先生から役員を選ぶか、それとも役員になれば書面添付をすることとするか、いずれにせよ地域会の理事会に出席される先生は書面添付を実践すべきであると思います。

三、朝食会

一昨年、事務所の幹部会議で新年朝食会を一度開催しようという提案があり、大阪天王寺都ホテルで朝食会を行い所員約三〇名が参加しました。その年の一年間の事務所の計画を提出して、この一年「ＦＸ２」の導入はもちろん、関与先の拡大をどうするか、職員の手当をどうするかなど、あらゆる角度から問題点を検討し方針書を作りました。そして、それを箇条書きにして一月五日の初出の日に全員に発表しました。新しい年を迎え、今からやろうという心構えで、出発して一致団結する必要があると思います。

その後の実績ですが、ＦＸ２と書面添付は事務所の目標が一〇〇件ずつ、ＦＸ２は約五〇件で目標の半分、書面添付は一二〇件で目標を一〇〇%達成しています。

早朝打合せ会（毎週月曜日早朝より）

どこの会計事務所でも、毎週または月の初めなどに朝から打合せの会議をしている所が多いようです。所員の人数が一〇名を超えるとなかなか所長の考え方が全所員に伝わらず、所長の考えのみが先行してちぐはぐになる場合があります。現在の社会の状況を見ての判断が必要です。例えば平成九年度のように業績があまりかんばしくない関与先が多いときには、レジャーや旅行やゴルフなどの話をするわけにはいきません。先年は兵庫県南部に発生した大地震で多くの犠牲者が出ました。このとき当事務所ではすべての行事をとりやめました。また全社員からカンパをして住友銀行を通じて災害地に義援金を送りました。

四、オールＴＫＣ

血縁的集団の再確認

当会計事務所も最初ＴＫＣに入会するかまたは他の会計集団に入会するかいろいろ迷ったものでしたが、ＴＫＣに入会して本当によかったと思っています。他の機関を使っていたならばここまで事務所は成長しなかったと思います。ＴＫＣには血縁的集団としての良さがあります。私も入会と同時に大阪市内の会計事務所を二軒見学に行きました。市内の先生は非常に親切でＴＫＣ会計人の組織や帳簿の処理方法をお教えくださり、今でもその当時のご好意に対して感謝しています。私は自動車会社に一五年勤務して、自動車業界の経理処理は熟知していましたが、一般の中小企業の経理はまた別でした。自動車会社、またディーラーの経理は標準会計処理方法という一冊の本があり、三連伝票が普通で部課によっては四連五連伝票を作成して、関連の部課に送付して伝票の記入を要請します。そして部門別または営業所別、損益計算書を把握して、毎月一回部門利益、限界利益の打合わせをしました。もちろん売上債権未回収もチェックします。経理部はその会議の資料を作成していました。

われわれの関与先でも毎月一回の会議や、決算打合わせ会議などを行ってその事業の発展のためにいろいろ考えておられる方がいらっしゃいます。ＴＫＣ会計人は血縁的集団です。会員に何か問題点が出ればそれを全員で解決して行こうとすべきであります。税理士会の支部ではそのような勉強会や研究会はありません。もちろん私の事務所にも見学は歓迎で過去にも何回か事務所訪問を受けました。ノウハウというほど多くのノウハウはありませんが、諸先輩よりいただいた良い資料を参考にしています。当事務所の業務書式や巡回監査方式などが、見学される先生方の参考になればと思っています。

五、生涯研修

全員参加による生涯研修

ＴＫＣでは九〇時間研修と生涯研修を実施しています。最初に参加する場合はまず九〇時間の研修より入ります。二年目より生涯研修に入って行くわけですが、私たちの所属するＴＫＣ南近畿会四〇〇名の先生の内、生涯研修に参加される人が約一五〇名以下で、五〇%を超えるよう努力していますがなかなか大変です。ＴＫＣ全国会でも全体の四割近い地域会では全員参加という名目で全員より研修費用を徴収し、参加は自由にしておられる地域会がありますが、一人五万～七万円ほど徴収しないと予算が不足します。あくまで全員参加を目標にしたいものです。また先生方も一旦資格を取るとなかなか勉強会などに参加する時間の余裕がなく、〝つい〟職員に代理として参加させる場合がありますが、やはり先生が参加して勉強して、事務所体制はもちろん書面添付体制を整えるべきではないでしょうか。

生涯研修の無料化

生涯研修はＴＫＣ会員全員が参加すべきものでありますので、全会員が受講するのが当然であり、そうすると全員の方々により会費を徴収することになります。生涯研修を実施する場合費用の面で採算が取れず、講師の先生の謝礼や本代また会場の使用料金など、目に見えない費用が発生します。この費用を全員で負担するか、あるいは提携企業などからの補助金というか支援金などでこの費用をまかなっていくかは別にして、いずれにせよ全会員に受講していただき、また夏季大学や秋期大学も生涯研修の受講時間に含めてすべての勉強会や研修会もこの時間に含めて合計で九〇時間になるようにすればよいと思われます。近畿税理士会でも年に何回か資産税や法人税などについて、いくつかの会場を分けて研修会があります。これに参加した場合、受講表をいただきこれにより受講時間をチェックして、生涯研修の時間のクリアーをはかればよいのではないでしょうか。また、講義についても、いつも同じマンネリ化された研修ではなく、もっと新しい講義をしていただけるようにすればよいと思います。また近畿四地域会での秋期大学にも参加して、すばらしい講義を聞けばよいのではないでしょうか。巡回監査論なども毎年同じ内容なので、つい、職員に行かせるようになりがちです。研修受講参加者が何を求めているかを考え、もっと引きつけるような研修企画をお願いしたい。先日も税務署のＯＢ先生方を対象にした研修会がありました。今の法人税・所得税の否認の内容についてで、「何が」よく否認の対象になっているか、例をあげての研修会がありました。私は参加しなかったのですが、参加された人の話によると非常に良かったとのことでした。このように国税局の課長を講師にお招きしての研修会も考えてはいかがでしょうか。

税務当局確認書

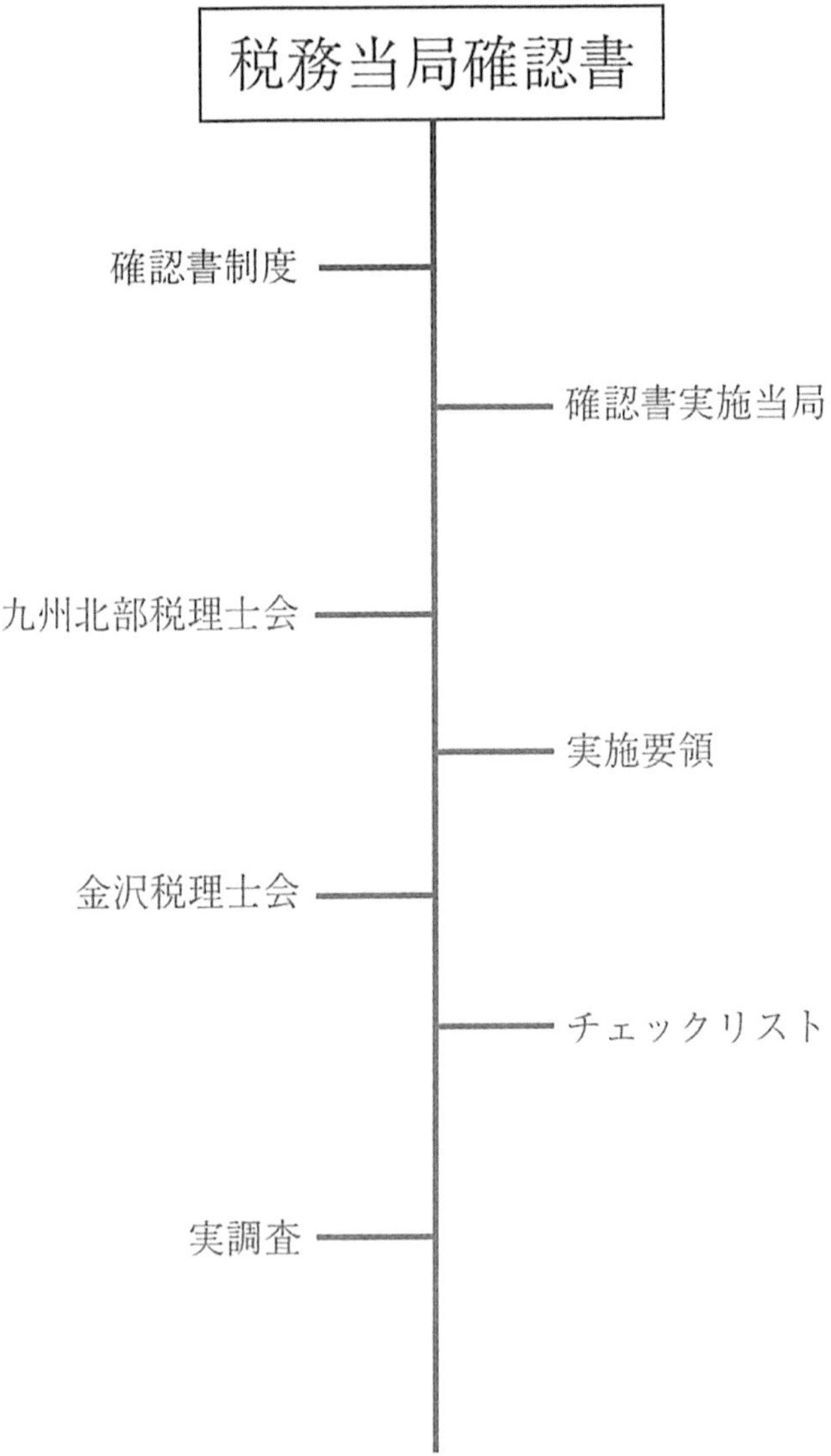
税務当局確認書
確認書制度
確認書実施当局
九州北部税理士会
実施要領
金沢税理士会
チェックリスト
実調査

一、書面添付を実施している国税局

1、確認書・指導表の実施地域

すでに税務当局と税理士会との協議により、実施されている指導表と確認書は次の国税局です。

（指導表実施地域）　札幌国税局管内
（確認書実施地域）　名古屋国税局管内・金沢国税局管内
　　　　　　　　　　福岡国税局管内・熊本国税局管内

2、申告内容確認書添付制度

この制度は税理士会と税務当局との相互の信頼を基にして税理士法に定める税理士の

使命である関与先の納税者の適正な納税の義務を実施させるため、また、税理士の充実と社会的な地位向上に資する目的で実施されたものです。したがって当然税理士の責任として良心に従って行動し善良なる管理者としての注意を払い、法令に規定された適正なる納税の義務の実施をはからなければならない、とされています。確認書は、税理士が納税者から依頼を受けて申告書を作成するにあたり、税理士会が制定したチェックリストにより、その基準に従って申告内容の審査および検討を行い、適正で妥当であると確認されたものについて確認書を作成し、その申告書に添付して提出するものです。

税務当局は、提出された確認書を、制度の趣旨に沿って十分尊重して取り扱い、確認書が添付された申告書については、原則として調査省略の対象とするなど、次に定めるところによって処理されています。

参考資料

申告内容確認書添付制度の実施要領

1．確認書の添付対象者

九州北部税理士会に所属する税理士が関与している納税者で、福岡国税局管内に納税地を有する個人青色申告者及び青色申告法人のうち、その申告に当たりチェックリストによって決算及び申告内容を審査した結果、その申告が適正であると確認されたもの。

2．確認書の添付対象者とならないもの

（1） 営庶業者及び不動産所得者以外の個人所得者。

（2） 休業中法人及び清算中の法人。

（3） その他特別の理由のある次のようなもの。

ア．関与期間が短く十分な指導ができていないもの。

イ．申告内容について税理士の判断と納税者の見解が相違するもの。

ウ．他の法律に抵触するような取引内容のあるもの。

3．申告内容確認書の様式

様式1

「自昭和　　年　　月　　日　事業年度分の申告内容確認書」のとおり
　至昭和　　年　　月　　日

4．申告内容確認書の記載要領

（1）「関与程度」の欄

ア．関与程度に応じ、該当する記号に○印を付する。

イ．関与程度がＥ又はＦで、チェックリストによる決算及び申告の審査を行った場合は、その所要日数をそれぞれ該当のところにかっこ書きする。

（2）「確認事項又は所見」の欄

ア．決算書又は申告書の作成などの過程で、特に問題点の解明や、指導に努めた事項について、具体的に記載する。

イ．特に指導を要する事項がなかったものについては、審査の経過を記載し、申告が適正であると判断したことについて、関与税理士としての所見を具体的に記載する。

（注）この欄の記載がないもの及び内容に具体性がないものは、この制度上

の申告内容確認書として取り扱わないことになるので注意を要する。

5. 確認書の提出期限

原則として、申告書の提出期限とする。

6. 確認書が添付された申告に係る税務当局の取り扱い

原則として調査省略の対象とされ、その処理について関与税理士に対し通知が行われる。ただし、審査の結果、申告内容に疑問点があると判断されたものについては、次のように取り扱われる。

(1) 申告内容について、解明を要するもののうち軽微なもの及び解明が容易なものについては、口頭又は書面により関与税理士を通じて解明が行われる。

(2) 申告内容に解明を要するものがあるもののうち、調査の必要度が高いと認められるものについては、納税者に対して実施調査が行われる。この場合、不正計算が想定されるものについては、事前に調査の通知は行われない。

7. 申告内容確認書添付制度の実施時期

法人については、昭和59年8月1日以降に事業年度が終了するものからとし、個人については追って定める。

8. その他

(1) 申告書の作成に当たり使用したチェックリストは、確認書に添付するものとする。

(2) チェックリストは、税理士会で定めたもののほか会員が独自に作成したものを使用しても差し支えない。

ただし、この場合チェック内容が別紙様式（2）と同程度以上のものとする。

三　税理士法第33条の2に規定する書面添付制度との関連について

申告内容確認書添付制度は、税理士法第33条の2にいういわゆる書面添付制度とは別個のものである。

四　申告内容確認書添付制度の運用に当たっての留意事項

申告内容確認書添付制度は、税理士と税務当局との相互信頼が基本であるから税理士は、自己の使命を認識し、税務及び会計の専門家として、業務水準の向上に努め、納税者及び税務当局との信頼関係を深めるよう心掛けなければならない。

いやしくも、本制度の趣旨に反して不適当なもの、確認不十分なもの等について確認書を添付するものがあった場合は、その税理士は、自ら社会的地位を放棄するが如き行為と言うべきであり、税理士と税務当局との信頼関係を崩すことになることに留意すべきである。

様式 1

法人税申告内容確認書

関与税理士	事務所所在地	TEL		
	自署押印	㊞		
決算法人	決算期	自昭和　年　月　日 至昭和　年　月　日	法人番号	
	本店所在地			
	法人名			
	代表者氏名			
確認事項又は所見				

九州北部税理士会

裏面につづく

関与の程度	A．伝票作成から決算申告、税務代理まで B．補助簿の記帳から決算、申告、税務代理まで C．総勘定元帳の記帳から決算、申告、税務代理まで D．決算書の作成から申告、税務代理まで E．納税者の作成した決算書から申告、税務代理まで（　　　日） F．納税者の作成した申告書を検討の上、署名押印から税務代理まで （　　　日）
※源泉所得税チェック表（自己監査用）提出の有無	有・無

様式 2

チェックリスト

(注) 1. 「検印」欄には実施者の印を押してください。
2. 該当のない項目は、その項目を抹消してください。
3. 他にチェックした項目がある場合は、空欄を利用して表示してください。

科　　目	主　な　項　目	検印	備　　考
決　算　関　係			
1. 準備作業	(1) 定款の目的、事業年度、代表者、資本金、本店所在地など期中変動は確認したか。 (2) 内部統制組織の確認をしたか。 (3) 諸規定の変更は確認したか。 (4) 納品書、請求書、領収証等は適切に保存されているか。 (5) 前期以前の税務更正の確認をしたか。		
2. 現　　金	(1) 現金出納帳の残高は、実査の上、確認したか。 (2) 現金出納帳の推移からみて異常な入出金や残高については、原因を検討したか。		
3. 諸 預 金	(1) 残高証明書と照合したか。 (2) 預金名義の確認をしたか。 (3) 担保差入の有無、証書・通帳・預り証の検討をしたか。 (4) 当座預金については、銀行残高調整表を作成し、検討したか。 (5) 会計処理と実際の処理とが一致しているかを当座預金照合		

科　　目	主　な　項　目	検印	備　　考
	表から検討したか。		
4. 受取手形	(1) 手形帳の残高と個別に照合したか。 (2) 手許手形、取立依頼手形、割引手形、差入手形について検討したか。		
5. 売　掛　金	(1) 補助簿の残高と個別に照合したか。 (2) 主要取引先の残高の確認をしたか。 (3) 貸方残高については、内容を検討したか。		
6. 棚卸資産	(1) 原始記録は保存されているか。 (2) 期末直前の売上返品及び仕入との関連は検討したか。 (3) 数量の確認及び評価方法は適正か。 特に、仕掛品の評価方法について検討したか。 (4) 預り品、預け品、積送品、未着商品等について検討したか。		
7. 仮　払　金	(1) 相手先、金額及び内容は個別に検討したか。 (2) 代表者及びその家族、役員への仮払は検討したか。 (3) 他勘定振替の要否を検討したか。		
8. 貸　付　金	(1) 相手先、金額及び内容は個別に検討したか。 (2) 未収利息は計上したか。		

科　　目	主　な　項　目	検印	備　　考
	(3) 代表者、役員への貸付は検討したか。		
9. 立　替　金	相手先、金額及び内容は個別に検討したか。		
10. 未収収益	計上すべき未収収益はないか。		
11. 有形固定資産	(1) 期中の増減について事実を確認したか。 (2) 取得価額、売却価額は適正か。 (3) 減価償却資産の耐用年数は適正か。 (4) 特別償却、割増償却は適正か。		
12. 建設仮勘定	資産内容を検討したか。また、計上すべきものはないか。		
13. 有価証券出資金	(1) 資産内容は検討したか。 (2) 受取配当金はないか。		
14. 繰延資産	期中に計上したものについて、計上の適否、金額の妥当性を検討したか。		
15. 支払手形	手形帳、手形振出控えと個別に照合したか。		
16. 買　掛　金	(1) 補助簿の残高と個別に照合したか。 特に、長時間未決済のものについては検討したか。 (2) 主要取引先の残高の確認をしたか。 (3) 借方残高については、内容を		

科　　目	主　な　項　目	検印	備　　考
	検討したか。		
17. 借　入　金	(1)　残高証明書と照合したか。 (2)　相手先、金額及び内容は個別に検討したか。 (3)　利息の計上は妥当か。 (4)　代表者及びその家族、役員、株主からの借入は検討したか。		
18. 未　払　金	(1)　相手先、金額及び内容は個別に検討したか。 特に、長期間未払のものについては検討したか。 (2)　計上漏れがないか検討したか。		
19. 前　受　金	(1)　相手先、金額及び内容は個別に検討したか。 (2)　他勘定振替の要否を検討したか。		
20. 仮　受　金	(1)　相手先、金額及び内容は個別に検討したか。 (2)　代表者及びその家族、役員、株主からの仮受は検討したか。 (3)　他勘定振替の要否を検討したか。		
21. 預　り　金	(1)　相手先、金額及び内容は個別に検討したか。 (2)　代表者及びその家族、役員、株主からの預り金は検討したか。 (3)　他勘定振替の要否を検討したか。		

科　　目	主　な　項　目	検印	備　　考
22. 資　本　金	代表者及びその家族、役員の増資払込金については、その資金出所等を検討したか。		
23. 貸倒引当金	(1)　貸金の範囲は適正か。 (2)　貸金から控除されるものはないか。 (3)　繰入率に誤りはないか。		
24. 債権償却特別勘定	該当事実は間違いないか。		
25. 価格変動準備金	(1)　対象資産は適正か。 (2)　繰入率に誤りはないか。		
26. 賞与引当金	人数、支給額、月数等の計算は適正か。		
27. 退職給与引当金	(1)　関係官署への届出は確認したか。 (2)　期首、期末の要支給額及び対象者の給与総額等の計算は適正か。		
28. 売　　上	(1)　決算日前後の納品書は点検したか。 (2)　計上基準は妥当か。 (3)　前々期、前期と対比し、増減の要因を検討したか。 (4)　自家消費分について検討したか。		
29. 売上原価	(1)　仕入について、決算日前後の納品書は点検したか。 (2)　売上原価率について、前々期、		

科目	主な項目	検印	備考
	前期と対比し、変動とその要因を検討したか。		
30. 売上・仕入の返品及び値引	決算日前後の値引、返品、相殺の処理は適正か。		
31. 雑収入	リベート、スクラップ、副産物等の有無を検討したか。		
32. 役員報酬	(1) 役員賞与と認定すべき支給の態様はなかったか。 (2) 職務内容、使用人に対する給料の支給状況、事業規模等からみて支給額は適正か。 (3) 株主総会、取締役会の議事録に基づいて検討したか。		
33. 役員退職金	職務内容、従事した期間、事業規模等からみて、支給額は適正か。		
34. 旅費	(1) 海外渡航費について検討したか。 (2) 渡切旅費の有無について検討したか。 (3) 精算書は整理・保存されているか。		
35. 交際費	(1) 使途不明はないか。 (2) 代表者及びその家族、役員が負担すべきものはないか。		
35. 諸会費	(1) 積金的性格のものや繰延資金はないか。 (2) 代表者及びその家族、役員が負担すべきものはないか。		

科　目	主　な　項　目	検印	備　考
37. 賃　借　料	支払別に金額、期間を検討したか。		
38. 修　繕　費	資本的支出はないか。		
39. 諸　費　用	(1)　代表者等の役員が負担すべきものはないか。 (2)　資本的支出はないか。 (3)　前期と対比して著しい増減がある科目については、その要因を検討したか。		
40.			
申　告　調　整　関　係			
41. 税額の計算	(1)　留保金額に対する税額は適正か。 (2)　土地譲渡益に対する税額は適正か。		
42. 税額控除	所得税額の控除は適正か。また、所得に加算されているか。		
43. 繰越欠損金	控除される欠損金は適正か。		
44. 受取配当金	(1)　益金不算入の計算は適正か。 (2)　益金算入額（支払配当を超える部分の25%）の計算は適正か。		
45. 交際費の損金不算入額の計算	交際費科目以外の科目に交際費に該当するものはないか。		

科　目	主な項目	検印	備　考
46. 役員賞与	損金計上分で所得に加算すべきものはないか。		
47. 圧縮記帳	交換、収用換地、特定資産の買換等による取得資産の圧縮の計算は適正か。		
48. 所得の特別控除	収用換地等による所得控除は適正か。		
49. 還付金	(1) 欠損繰戻しによる還付法人税額の計算は適正か。 (2) 法人税額から控除できなかった所得税額の還付は適正か。		
50.			

年　月　日

税務署長殿

依頼者	所在地	
	法人名	
	代表者自署押印	㊞
税理士	事務所所在地	
	自署押印	㊞

法人税申告内容の審理確認書

自　　年　月　日
至　　年　月　日 事業年度の法人税確定申告の内容について審理確認しました事項は、下記のとおりであります。

記

I　検討事項

項目	資産	負債	資本	収益	費用	申告書調理	源泉徴収	
確認印							本店	
							支店	
							支店	

II　前事業年度との比較（6ヶ月決算の場合は対応期）

	項目	当期	前期	前期対比
1	売上	千円	千円	%
2	売上総利益			
3	（売上総利益率）	%	%	−
4	販売費及び一般管理費	千円	千円	
5	営業利益			
6	営業外収益			−
7	営業外費用			−
8	経常利益			
9	特別利益			−
10	特別損失			−
11	税引前当期利益			
12	法人税等充当額			−
13	当期利益			
14	申告調整額			−
15	申告所得			

<table>
<tr><td rowspan="3">関与期間２年以上の確認印</td><td rowspan="3"></td><td colspan="3">※税務署処理事項</td></tr>
<tr><td colspan="2">税理士への連絡</td><td rowspan="2">法人への通知年月日</td></tr>
<tr><td>年　月　日</td><td>受信者名</td></tr>
<tr><td>前回の実地調査事業年度</td><td>自　年　月
至　年　月</td><td>昭和
年　月　日</td><td></td><td>昭和
年　月　日</td></tr>
</table>

Ⅲ　特記事項、指導事項及び税理士所見

項　目	事　項

この欄には、当期の景況、経営面の変化などの特殊事情、顕著な増減科目または会計処理基準及び手続きの変更、租税特別措置法適用による変化等の特記事項、並びに特に指導した事項を項目を挙げて記載すること。

関与先の期待

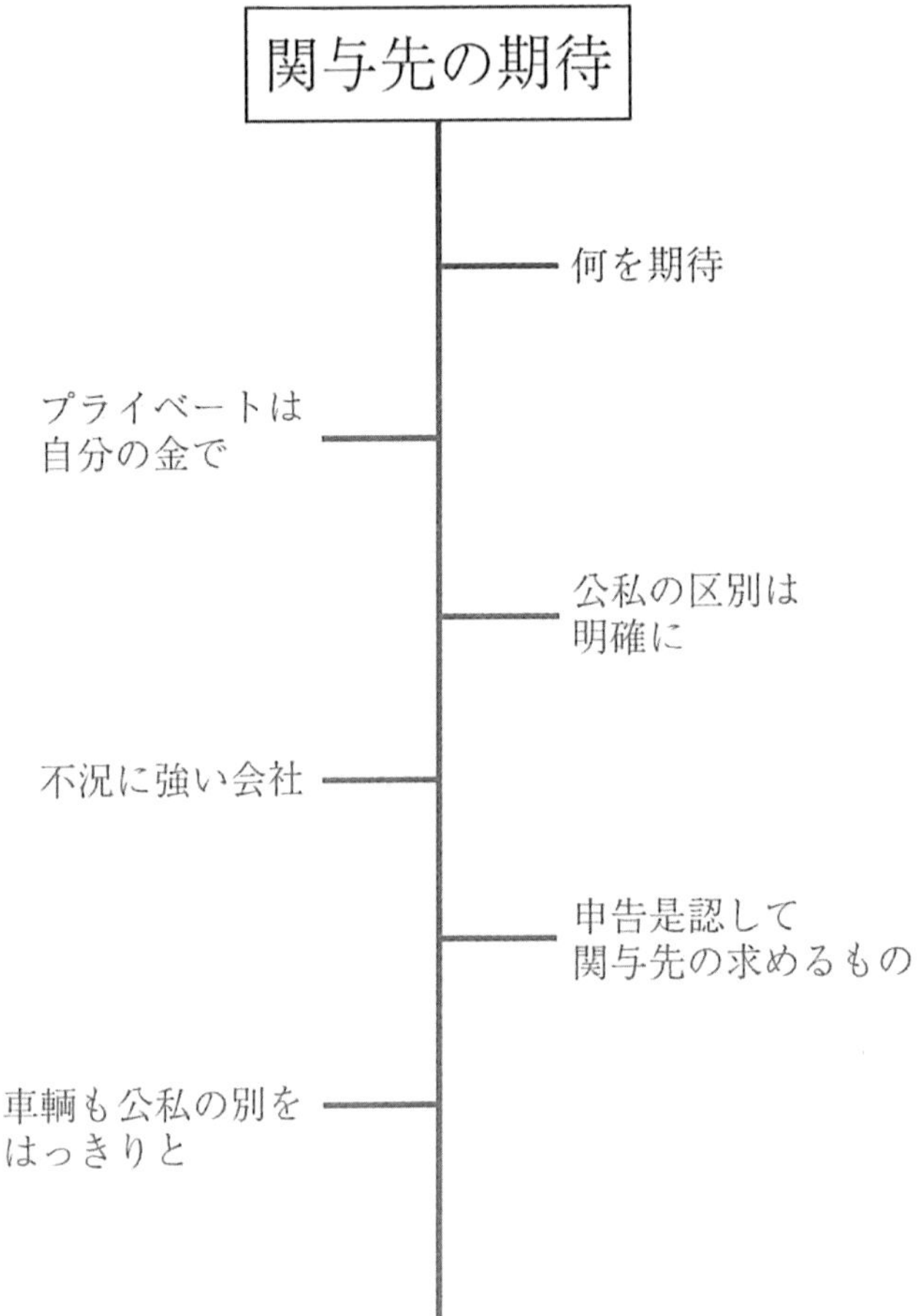
関与先の期待
何を期待
プライベートは
自分の金で
公私の区別は
明確に
不況に強い会社
申告是認して
関与先の求めるもの
車輌も公私の別を
はっきりと

一、関与先は何を期待しているか

私の事務所のある関与先ではかつて税務調査をされて、本当にすべての預金を税金にもっていかれた苦い経験があります。バブル景気のはじける前のことで、帳面もろくに記入せず、何分どんぶり勘定でしたので特調が入り随分苦労されました。この特調がきっかけになりこの会社の社長は何とか調査の時に否認金額が出ないようにするにはどうすればよいか、いろいろ考えたあげく次のようにされました。売上、仕入は当然のごとくすべての帳表をナンバーリングにより管理して、給与台帳はもちろん、経費はすべて公私の別を明確にされました。また自分の支出した接待費は当然会社には請求しない。ゴルフのプレー代金の会社負担はすべてやめました。このため今まで毎月三〇〇万円以上の接待費がかかっていましたが、五〇万円以下におさえられました。来客食事代のような経費も全部自分の給与から出すことにしました。そして、今までの社長の給与六〇万円を決算の終了した翌期前より一五〇万円に値上げし、自分の給与からすべてを支出するようにしたのです。

二、プライベートな支出は自分の金で

最近の中小企業の社長はどこに行っても「領収書下さい」と言います。公私の区別なく「領収書」、「領収書」と請求して、会社の経費に損金経費されるオーナーが多く見かけられます。法人にして、経費は全部会社で給与は全部預金に回して、妻の給与で家計をまかなっていく、というように何か一つのパターンが出来つつあります。すべてがこの方法で処理されているとはいえませんが、自分のポケットマネーですべての〝飲み食い〟費用を出すというふうにはなかなかいかないものです。

そこで書面添付を行うにあたり、公私をはっきり区分して、私的なものは社長個人が出す、会社のものは会社で出す、そのかわり雑費の食事代・接待のゴルフ、飲食代はすべて社長であっても接待使用明細書に目的・日時・場所・金額などを記入して、はっきり会社負担すべきかどうか検討してから出金するようにする。個人の〝とうちゃん〟〝かあちゃん〟の有限会社であっても、あくまで社長自らコントロールすることにより、公・私をはっきり区別して、自分自身で自分を管理するような経営者であるべきです。このようにし

ている会社が私の関与先では多くあります。

三、不況に強い会社

私の事務所の関与先の中でも、自分の飲み食い費用は自分で出しておられる社長の会社はこの不況下も強く生きておられ、経費のうち特に接待交際費の出費が少ないので二〜三割売上が落ちても十分乗り切っています。当然こうした企業は書面添付を提出しており、社長自ら申告是認を宣言されておられます。

今回の不況下にあって赤字で倒産寸前の企業もあります。ある不良企業は税金を払うことがいやで、いかにしてごまかすかのみを考えておられた会社です。日頃から払うべきものは払っていこうとする会社がどんどん伸びている反面、少しでも税金は少なくと考え経営されている企業がなぜか伸びない状況にあるのは不思議に思われます。税金を少しでも払わないですませようとする会社がつぶれ、どんどん税金を払う会社が伸びて行き、不況にも強いのは本当に不思議なことであると思われます。

中小企業において最近ワゴン車の車が非常によく利用されていますが、車輌運搬具も公私の別をはっきりとすべきです。製品や商品の運搬は非常に便利で人も楽に五人以上は乗れますが、この車輌を会社の経費に落とし、自分のレジャーのゴルフや魚釣り、旅行などに私的に利用されている例が多く見られます。なるほど、公と私との区別は非常につきにくいものですが、あくまで会社で利用する場合は個人の確定申告書や決算書の減価償却費の計算の中に事業専用割合があるので、私事に五〇％使っていれば残りの五〇％を減価償却費として償却していくようにすべきです。最近の税務調査ではこの自家用車輌費の事業専用割合を否認される場合があります。

しかし、私事に乗用車を使用したのか、会社の用件で使用したのかなかなか判断が難しい場合もあります。関与先の社長が車を購入するときに、一切私用には使用いたしませんと念書をもらっておく方法もあります。この他に経費として来客食事代を交際費に落とされる場合が多いのですが、取引先の社長を接待する場合は、どの会社の社長を接待したか、私的接待か公的接待かをはっきりと区分すべきであると思います。

税務調査（実調率）について

申告されている法人企業や個人事業者を税務署が調査をする場合があります。平成五年度のわが国の法人総件数は約二七〇万二〇〇〇社でしたが、その内税務調査された法人企業件数は約一七万七〇〇〇社で実調率は六・六％です。平成四年度では六・八％、平成三年度では七・二％、平成二年度では七・七％で、平成五年度においては一〇〇件につき約七件しか調査できていない現状です。増加する法人企業に対して税務職員は逆に平成五年度は五万六〇〇〇人で、昭和五七年の五万三〇〇〇人に比べほとんど増加していません。

このことからもわれわれは書面添付をすすめ、正しく信頼性の高い申告書を提出すべきではないかと存じます。

税理士法第三三条のことと第三五条について

一、税理士法三三条の二と三五条について

書面添付については税理士のほとんどの人々が理解されておられると存じますが、なかには、この書面添付の趣旨がよく理解されず、実際にはほとんど実施されていないのが現状です。したがって税理士法第三三条の二第一項及び税理士法第三五条の意見聴取はされてもそのメリットは極めて薄く、このため法第三三条の二第一項を添付することによる税理士報酬の追加請求もできません。また相当の注意義務によりその責任の範囲は広く及ぶが、顧問先に対して自ら作成した申告書に、関与の度合いを示す範囲を書面で添付したとしても、それが税理士業務の法的責任の限界を保証するに至らないことも書面添付が行われない一因であると思われます。

税務当局でもこの制度への一般の人々の理解が少ないため、これに対応する動きがやっと始まりました。平成一四年四月よりやっと書面添付が法制化されました。

次に税理士法第三三条第二項と法第三五条意見の聴取についての条文をあげます。

《税理士法第三三条の二》

一 税理士は国税通則法第十六条第一項第一号に掲げる申告納税方式または地方税法第一条第一項第八号若しくは第十一号に掲げる申告納付若しくは申告納入の方法による租税の課税標準等を記載した申告書を作成したときは、当該申告書の作成に関し、計算し、整理し、又は相談に応じた事項を大蔵省令で定めるところにより記載した書面を当該申告書に添付することができる。（昭三十一法第一六五号追加、昭四十法第三十六号、昭四十三法第二十一号、昭五十五法第二十六号改正）

二 税理士は前項に規定する租税の課税標準等を記載した申告書で他人の作成したものにつき相談を受けてこれを審査した場合において、当該申告書が当該租税に関する法令の規定に従って作成されていると認めたときは、その審査した事項及び当該申告書が当該法令の規定に従って作成されている旨を大蔵省令で定めるところにより記載した書面を当該申告書に添付することができる。（昭三十一法第一六五号追加、昭五十五法第二十六号改正）

三　税理士は、前二項の書面を作成したときは、当該書面に税理士である旨を記載して署名押印しなければならない。（昭五十五法第二十六号改正）

《税理士法第三五条》

一　第三三条の二第一項または第二項に規定する書面が添付されている申告書について国税通則法または地方税の規定による更生をすべき場合において、当該書面に記載されたところにより当該更生の基因となる事実につき税理士が計算し、整理し、若しくは相談に応じ、または審査していると認められるときは、税務署長（当該更生が国税庁または国税局の当該職員の調査に基づいてされるものである場合においては、国税庁長官または国税局長）または地方公共団体の長は、当該税理士に対し、当該事実に関し意見を述べる機会を与えなければならない。ただし、申告書及びこれに添付された書類調査により課税標準等の計算について法令の規定に従っていないことが明らかであることまたはその計算に誤りがあることにより更生を行う場合には、この限りでない。（昭三十一法第一六五号追加、昭三十七法第六十七号、昭五十五法第二十六号改正）

二　国税不服審判所の担当審判官または地方公共団体の長は、租税についての不服申立てに係る事業について調査する場合において、当該不服申立てに関し第三十条の規定による書面を提出している税理士があるときは、当該税理士に対し当該事案に関し意見を述べる機会を与えなければならない。（昭三十一法第一六五号、昭三十七法第六十七号、昭四十五法第八号、昭五十五法第二十六号改正）

三　前二項の規定による措置の有無は、これらの規定に規定する更生または不服申立てについての決定若しくは裁決の効力に影響を及ぼすものと解してはならない。（昭三十一法第一六五号追加、昭三十七法第六十七号改正）

二、法定書面の添付制度について

税理士が申告書を作成したときは別添の第五号様式（税理士法三三条の二第一項に規定する添付書面）により計算し、整理し、相談に応じた事項を記した書面を添付することができ、また他人の作成した申告書を税務の専門家として審査した場合には、決められた書式に基づいて審査にあたって提示を受けた帳簿書類及び審査した主な事項及びその審査した結果、要旨を記載した書類を添付することができる、としています。

税務署長または地方公共団体の長は、これらの書面が添付されている申告書を更正しようとする場合は税理士法三五条の意見の聴取に基づいて当該税理士に対し、意見を述べる機会を与えなければならない、としています。さらに但し書きがあり、調査により課税標準等の計算について法令の規定に従っていないことが明らかである場合、またはその計算に誤りがある場合はこのかぎりではない、とされているのです。

三、計算事項を記載した書面の添付

この書面添付の趣旨は、その申告書の作成に関し、税理士がどの程度の内容にまで関与しその申告書を税務の専門家の立場からどのように調整したものであるかを明らかにすることにより、正確な申告書の作成に資するとともに、税務行政の円滑化に資することにあるとされています。

ところで、税理士の関与先は、個人零細企業から大規模法人まで多種多様であり、関与の度合もいろいろと違ってそれぞれの深度も異にしていますが、税理士が税務官公署に提出する税務申告およびその付属書類を見た限りにおいては一件一件の事案について税理士が実際にどの程度に関与しているかが明らかではないので、このため税理士のあずかり知らない事項の部分において責任が及ぶ恐れがあります。

このような事態を避けるために、各関与先ごとに受任範囲を明らかにして税理士の責任が及ぶ範囲を相互に確認しておくための有効な手段として、税理士法第三三条の二項の書面添付の活用を考えるべきであろうと思われます。

ただ、本項の趣旨は税理士が関与した範囲外においての税理士の「責任の不在」を逃れる書面、つまり責任逃れの書面としてではなく、税理士が租税法令に従って作成した申告書について、自己の行った検証の範囲を文書化し、第三者（税務官公署）に確認させることを通じて、税務行政の円滑化と簡素化を図ることに意義があります。

報酬規定における書面添付報酬も、税理士が検証した事項を文書化することの対価として位置付けできます。なお、この書面の添付できる申告書は税理士業務の対象となるので、申告印税方式の国税または申告納付や申告納付による地方税の課税標準率を記載した申告書であればよく、期限内申告書、期限後申告書、修正申告書のいずれでもよいとされています。

また税理士の資格があるすべての人がこの書面を添付することができるわけで、ＴＫＣ会計人以外の人も作成可能です。

四、審査事項などを記載した書面の添付

税理士は、他人の作成した申告書について、相談を受けてこれが適法に作成されているかどうかを審査した結果、その申告書が納税法令に従って適正に作成されていると認めたときは、その事項をおよびそれが適法に作成されている旨を記載した書面を添付することができます。

この趣旨は、税理士が税務の専門家としての立場から、その申告書がどのように調整されたかを審査し、かつ、納税義務者が適正な申告を行うことを援助し、かつ、税務官公署がこれを尊重することにより、円滑な税務行政の運営に資することにあるのです。

参考資料

調査立会記録簿

所長	●●●●	担当	●●	関与先	●●●

関与先名	●●●●	税目	所得税	期間	平成●～●年度

調査	事前通知	平成●年5月8日	開始	平成●年　5月17日	1日間
	予定日	平成●年5月17日	終了	平成●年　5月17日	
調査担当者	税務署　担当官 2部門		調査種別		

記事

月	日	内容	指摘事項	回答及び顛末
5	17	接待交際費 福利厚生費	一般的に同業種間でみると多めで、領収の内容が柔道整復師会のものとそうでないものとの判断がつきにくい。	期末に、接待交際費25%福利厚生費も自己否認していた為、その内容はほぼ認められた。
		地代家賃	自宅の家賃を50% 計上しているが、これが適当であるかどうか。	使用面積・所要時間からみて、妥当であると判断される30% を書面にて税務署に提出。同時に6年計上分の20% を否認。 ただし、30% でも妥当かどうかという課題は残す。

所得金額等	平成6年度	申告	修正後	差額	備考
	所得金額	994,000	1,994,000	1,000,000	～　今後の課題　～ 水道光熱費 明確な按分方法の策定 福利厚生費 消耗品費 自家消費分と経費の分解 諸会費 別科目を設け、その内容が確かであることを証明 給料賃金 給料の算定内容の明記と保管
	留保金額				
	税額	73,900	153,900	80,000	
	加算税				

事後処理			
	更正・決定等通知書		
	国税等修正申告書提出		平成●年　5月31日
	地方税等修正申告書提出		
	日当	請求金額	有
		入金月日	有
	事件簿記入		平成●年　6月　1日
	経歴表記入		

調査立会記録簿

所長	●●●●	担当	●●	関与先	●●●

関与先名	●●●●	税目	所得税	期間	平成●～●年度

調査	事前通知	平成●年5月8日	開始	平成●年 ●月 ●日	1日間
	予定日	平成●年5月17日	終了	平成●年 ●月 ●日	
調査担当者	税務署 担当官 2部門		調査種別		

記事			
月 日	内容	指摘事項	回答及び顛末
5 17	接待交際費 福利厚生費 雑費	科目内容等について、明確でないのと併せて自己否認をしている形跡や証明出来るものがない。	指摘事項のとうり、自己否認は全くされておらず、雑費については1月計上分の中に、年間合計が重複していた。

所得金額等	平成5年度	申告	修正後	差額	備考
	所得金額	1,776,000	2,776,000	1,000,000	平成●年分については申告前に資料一式が持ち込まれ、行き届いた処理が施されていなかった。 尚、平成●年は他の会計事務所に委託されていた。
	留保金額				
	税額	177,600	277,600	100,000	
	加算税				

事後処理			
	更正・決定等通知書		
	国税等修正申告書提出		平成●年 5月31日
	地方税等修正申告書提出		
	日当	請求金額	有
		入金月日	有
	事件簿記入		平成●年 6月 1日
	経歴表記入		

調査立会記録簿

所長印	課長印	係長印	担当印	関与先

関与先名	株式会社 ●●●●	税目	法人 消費 源泉 税	期間	自 平 成 ●年 7月 1日 至 平 成 ●年 6月 30日

	事前通知	(無)・㊒ (月 日)	開始	平成●年 1月 18日
調査	予定日	月 日～ 月 日	終了	平成●年 1月 27日
調査担当者	税務署 特調2部門	担当官 上席 調査官	調査種別	法人税 消費税 印紙税 源泉税

記事

発生日	内容	指摘事項	金額	回答及てん末
	預け商品棚卸	㈱●●●●分	4,400,500円	火災発生直後であると
	計上漏れ	㈱●●●●●分	650,000円	ともに、取引先社員の
		㈱●●●●分	806,000円	成績の関係もあり比較
	単価過小評価分	労務費分	645,900円	的日常的に行われてい
			円	る。
	本社自宅保険料		122,000円	了解する。
			円	
			円	
			円	
			円	
			円	
			円	
			円	
			円	
			円	
			円	
			円	
			円	
			円	
			円	
	合計		6,624,400円	

所得金額等

	従前申告額	修正後申告額	差引差額	備考
課税所得金額	21,167,512円	27,779,012円	6,611,500円	
(留保金額)	0円	6,502,400円	6,502,400円	

修正納付税額一覧表

	法人税	法人特別税	消費税	法人市民税	法人府民税	法人事業税	源泉所得税
本税	24,795百	百	百	3,645百	1,240百	7,934百	463百
加算税	2,470百	百	百	百	百	百	百
延滞税	百	百	百	百	百	百	百
合計	27,265百	百	百	3,645百	1,240百	7,934百	463百

事後処理

更正・決定等通知書	年 月 日	備考
国税修正申告書提出	●年 2月24日	税額合計（平成●） ￥4、054、700
地方税 〃	●年 2月24日	税額合計（平成●） ￥ 110、500
日当 請求金額		税額合計（平成●） ￥ 93、200
日当 入金月日	年 月 日	
事件簿記入		税額総計 ￥4、258、400
経歴表記入		（修正額合計 ￥6、868、400 61,9%）

調査立会記録簿

所長		担当		関与先	

関与先名	●●●●	税目	所得税	期間	平成●年分
調査	事前通知	１０月２９日	開始	平成 年 月 日	１０日間
	予定日	１１月１０日	終了	平成 年 月 日	
調査担当者	税務署 担当官 個人課税第 部門		調査種別		

月	日	内容	指摘事項	回答及び顛末
11	10	不動産所得について	・法人の定款に不動産管理が記載されているので、地代収入の分に見合った支払地代を、地主に支払うべきである。 そうでなければ、みなし贈与になる可能性が大きい。	・地代収入の80%を地主である、●●●●氏に支払地代として払う。 その結果、不動産収入が3,864,000円プラスになるが、そのうち1,000,000円については 修繕費700,000円 雑　費300,000円として 費用計上を認めてもらった。

所得金額等		申告	修正後	差額	備考
	所得金額	7,732,680	10,596,680	2,864,000	・2,864,000円分について本来ならば法人の方で費用として認められるものであるため、2,864,000円分について、法人の方で更正請求を提出。
	留保金額				
	税額	631,200	1,497,400	866,200	
	加算税				

事後処理				備考
	更正・決定等通知書			法人税　665,200円 事業税　142,500円 府民税　33,200円 市民税　97,700円 計　938,600円
	国税等修正申告書提出		平成●年１１月２８日	
	地方税等修正申告書提出			
	日当	請求金額	有	
		入金月日	有	
	事件簿記入		平成●年１２月　２日	
	経歴表記入			

調査立会記録簿

所　長		担　当		関与先	

関与先名	●●●●	税目	所得税	期間	平成●年分

調　査	事前通知	１０月２８日	開　始	平成●年１１月１０日	１２日間
	予定日	１１月１０日	終　了	平成●年１１月２２日	

調査担当者	税務署　担当官 個人課税第７部門	調査種別	実　調

記　事

月	日	内容	指摘事項	回答及び顛末
11	10	平成●年分の事業（営業）所得について	①決算準備表の決算修正後の売上183,480,177円、確定申告書の売上が、181、598、328円というように1,881,849円の差額が生じている。 ②決算準備表の、決算修正の修正金額の欄の仕入2,544,780円と、経費862,509円の金額には根拠がないのではないか。	①差額が生じた理由が不明の為、売上を183,480,177円に修正する。 ②仕入については、ほぼ１カ月後に代金の支払をしているため、平成●年1月の買掛金増減集計表の前月繰越と、決算準備表の12月と、決算修正の修正金額をたした額がほぼ一致する為、根拠があると言う事を税務署に説明し了解をもらう。 経費については根拠がない為862,509円分修正した

所得金額等		申告	修正後	差額	備考
	所得金額	4,948,830	7,693,188	2,744,358	＜経費＞ 11,991,791円－862,509 ＝11,129,282
	留保金額				
	税額	438,400	1,030,800	592,400	
	加算税				

事後処理			
	更正・決定等通知書		
	国税等修正申告書提出		平成●年１１月２８日
	地方税等修正申告書提出		
	日当	請求金額	有
		入金月日	有
	事件簿記入		平成●年１２月　２日
	経歴表記入		

調査立会記録簿

所長印	課長印	係長印	担当印	関与先

関与先名	●●●●	税目	個人所得税	期間	自 II. 年 月 至 II. 年 月

	事前通知	無・㊒（5月 1日）	開始	5月 14日
調査	予定日	5月 14日	終了	5月 22日
調査担当者	個人 担当官 税務署 第6 部門		調査種別	実調

記事

月	日	内容	指摘事項	回答及てん末
		家賃	住居部分否認（50%）	30%否認
		水道光熱費	自家消費部分否認（20%）	20%否認
		専従者給与	●さん3年6月より否認	75,000×7ヶ月
		電話料金	自家消費部分否認（2本のうち1本）	
		売上	限定できず 不明	推定課税無し

所得金額等		申告	調査後	差額
	所得金額			
	留保金額			
	税額			
	加算税			

備考

国税局 ●●氏同行。
売上伝表またはレジを打つように指導。
現金出納帳を記入するよう指導。

事後処理		
	更正・決定等通知書	年 月 日
	国税修正申告書提出	年 月 日
	地方税 〃	年 月 日
	日当 請求金額	
	日当 入金月日	年 月 日
	事件簿記入	
	経歴表記入	

（ＴＫＣ会報への寄稿）書面添付の抜本的改革を

元ＴＫＣ近畿会推進委員長　杉　井　卓　男

『ＴＫＣ調査省略申是委員会だより』の創刊号が発刊された昭和五十九年五月一日より約七年間、全国で一万三千件の書面添付企業を目指してがんばってこられた数字が、今、五年目の平成元年度にしてやっと目標が達成されました。これは皆様方の申告是認体制に対する考え方や賛同された先生方の努力の賜と存じます。そして今現在は書面添付は十万件に達しています。

ただ残念なことはここ一、二年実践件数の増加がかんばしくないことです。目標の三万件を早く達成されますことを皆様方にお願い申し上げる次第です。

いつも委員会・研修会等でお願い致します通り、平成二年六月現在のＴＫＣ会員六千五百名余の先生の内、申是推進認定会員が二一・五％の千四百名。その内、実践事務所数が七百二十件という現状です。

なぜＴＫＣ会員六千五百名余の内約一％の先生で書面添付の半数を提出され、なぜ六百六十名の件数が少ないのか、また実践事務所以外の登録会員五千七百八十名の先生は実践されない何か問題点があるのか、やはりきれい事のみで申告是認体制の推進はできないのではないかと存じます。そこで私は私なりに考えている次の提案をします。

一、添付書面をもっと簡易にする。

二、全国の国税局（福岡・熊本・金沢・名古屋・札幌国税局）に対して確認書等の提出運動を行う。

三、書面添付企業の計算料金を安く、未実践事務所はもっと高い料金を。

四、ＴＫＣ会員の入会案件には勿論のこと、現在の会員にも一件の書面添付を義務づける。

以上の抜本的改革をすることが書面添付の増大につながりはしないでしょうか。

何分、委員長及び各委員の先生が大きな声で書面添付をして下さい、といくら頭を下げても人は動かない。一遍の文章の依頼だけではだめではないか。何か申是に魅力がないのか、何かメリットがないのか。

先般、東京半蔵門の東条会館で開催された書面添付㊕推進委員長研修会議の時、総合司会を担当させていただきましたが、この研修会では非常に良い成果が得られたと存じます。ただこの熱心な現況を未実践の先生方、また全国の登録会員の九〇％に近い未実践の先生方に生で聞かせて欲しかったと存じます。参加された先生は地域会に帰りそれぞれ支部の未実践の先生方にＰＲは勿論のこと支援をしていただいていると存じますが、何分毎日の職務の多忙さでなかなか未実践事務所の支援が行きわたっていない様子です。どうか啓蒙して下さいます様お願いします。

近畿会では東京での成果をもっとこまかく支部の先生方に理解してもらうために、先般左記の要領でＴＫＣ近畿会書面添付㊕推進委員長会議を開催しました。

イ、ＴＫＣ近畿会と北陸会合同で特別研修会を実施（平成二年七月十二日（木））

特別研修会には全国会書面添付推進本部運営委員長の宮崎健一先生、同副委員長高橋正先生を迎え、近畿会青木郁二会長、北陸会三由一雄会長の御列席のもとに、書面添付地区特別推進委員長七十六名の先生方が参加されました。

まず研修会は土居三良右衛門先生の司会で、宮崎健一委員長の『如何に書面添付の実践件数を高めるか』と題する基調講演、続いて高橋正先生の未実践事務所への具体的指導の仕方や、書面添付の活用法等についてきめのこまかいお話がありました。そして参加者を五つのグループに分けての申是推進に関するグループ・ディスカッションが行われ、ほんとうに熱気あふれる討議の中で、書面添付推進に向かって明日への飛躍を誓い合いました。

ロ、近畿会の書面添付申告書提出の現況と目標

一、平成元年の実績

	提出件数	実践事務所数	達成率
全国会	一三、二一二	七一一	六六・〇％
近畿会	一、四一六	八六	六四・三％

ハ、グループ別ディスカッションでのグループ別意見

・第一、二グループ「未実践事務所への具体的指導の仕方」

座長は中尾一仁先生と巧木勉先生

一、なぜ未実践なのか、その具体的理由は？

・ＴＫＣの書面添付書類が多すぎるのではないか。

・書面添付の関与先と添付していない関与先とをサービス面において差別しているようにとられる恐れがあるのではないか。

・煩わしいので同じ実行するならまとめて出そうとしているのではないか。

・完全性宣言書の文面にひっかかりがあるのではないか。

二、具体的な活用の仕方

・未実践事務所にたいしてノウハウを教える。

・未実践事務所を含めた座談会を開催する。

・地区特別推進委員長だけに頼るのでなく、各支部例会で研修会を通じて支援していく。

・個別に、人間関係を通じて啓蒙する。

・第三グループ「対象関与先の選定」

座長は串坂昭先生

一、巡回監査の中で日常活動として納税思想を啓蒙していく。

・真面目で正直な関与先、優良な法人から指導・誘導していく。
・税務調査により申告是認された関与先を優先的に指導していく。
・個人事業者においても、棚卸資産証明書等は確定申告書に添付して書面添付対象関与先になるよう指導・誘導する。
二、書面添付推進指導事務所所長の意思決定
・提案者一人一件を実施することにより拡大する。

・第四グループ「書面添付の活用方法」

座長は黒崎徳之助先生
一、なぜ書面添付に積極的に取り組めないか
・税理士の職責として申告是認の実践を！
・申告是認のためにこれほど多くの書類が必要なのか疑問である。
二、書面添付の活用
・書面添付の推進を職員の研修の中に組み入れることで、職員の意識の方向付けと業務水準の向上を目指すことができる。

・第五グループ「如何に書面添付を行うか」

座長は上月英子先生

一、事務所の取り組み方

・書面添付の実践指導者に対して手当てを支給する。

・年初に目標を設定する。

二、事務所の体制

・四十日決算体制の確立を図る。

以上が先般の近畿会の研修会の抜粋です。わがＴＫＣの申告是認推進運動の魅力を高めよう！

（ＴＫＣ会報　一九九〇年十一月号掲載）

（ＴＫＣ会報への寄稿）すべての税務署管内に書面添付申告書を！！

ＴＫＣ近畿会推進委員長　杉　井　卓　男

今から約十年ほど前に申告是認運動が始まり、最初の頃は近畿会全域でほんのわずかしか書面添付は提出されていませんでした。それから十年、近畿会の目標にはまだまだ達成する数字ではありませんが、なんとか千六百件を突破する件数を出して頂き、また、全地域会合計でも約一万八千件に達し、会員先生方の御協力に対し深く感謝致す次第です。税務当局もやっと書面添付された申告書が目に付く様になったのではないでしょうか？しかし、まだまだ近畿会の大阪国税局管内でも一件も提出されていない税務署があります。くまなく、すべての税務署に書面添付された申告書が行きわたってほしいものです。

私が近畿会の申是委員長を引き受けたのは、昭和六十一年七月。はや、七年目、四期の長期に亘りました。その間、全国会の書面添付推進本部の副委員長も二年務めさせて頂き、誠にありがとうございました。今年七月の近畿会の四分割により、四つの地域会の会長さんも決定し、ＴＫＣ全国会書面添付推進委員会の委員の先生方も近畿会より一名選出されておりましたが、本年から四名に増えるため、より細かい申是運動ができ、かつ、書面添付の未実践の先生にもより多く接触して、より多くの書面添付ができるものと確信しています。

一、特別推進委員長の活発な活動を！

近畿会書面添付委員会において昨年㊕委員長という制度で先生方を任命させて頂きました。この一年間の書面提出件数が十件以上の先生が㊕委員長です。その㊕委員長より支部ブロックの活動状況を地区の委員長に報告して頂く様になっていますが、なかなかその主旨が伝わらなくて、㊕委員長先生の活動や報告の状況等の実行にもう一歩という所です。また、一件も書面添付をされておられない先生には、㊕委員長が指導して下さる様になっていますので、何卒認定事務所の先生方の格別の御協力をお願い申し上げます。

二、税歴表に書面添付の有無！

今回より、税務署の税歴表に税理士法三三条による書面添付がついているかどうかのチェックがなされるようになりました。これにより調査の立会い等に、より力強い支えができたものと思います。

三、申告是認へのアプローチ「指導確認書」！

現在北から北海道税理士会、東海税理士会、名古屋税理士会、九州北部税理士会他六税理士会で指導確認書の書面の添付制度が実施されていますが、これはあくまで税理士個人の意思によって提出するか、しないかを決めて提出されるものであり、この制度は調査を省略する制度を定着させ、また、申告納税制度を発展させることにあると思われます。税理当局も行政事務の合理化、省力化を進めるメリットがあるため、税理士会でもその発展・定着に力を注いでいるといわれています。

特に九州北部税理士会において実施されている「法人税申告内容確認書」と一緒にＴＫＣの添付書面を付けることになるのでＴＫＣ九州会は書面添付件数が非常に多く、約三千件が出されています。特に、ＴＫＣ九州会では確認書添付制度は税理士会と税務当局とお互いの信頼を基にし㋑税理士の使命である関与先の適正な納税義務の実現を図ること、㋺税理士の業務内容の充実と社会的地位の向上に資すること、が趣旨であります。このため税理士は自らの責任と良心に従って善良な管理者としての注意を払い、適正な納税義務の実現を図らなければならないのではないでしょうか？

このため、確認書を提出する場合、当然納税者から依頼を受けて申告書を作成するわけですが、税理士会が決めたチェックリストにより申告内容の審査検討を行い、適正であると認めた場合、申告書に「申告内容確認書」を添付して提出するものです。このため、申告内容確認書が添付された申告書については、税務当局は制度の趣旨を十分尊重して、原則として調査を省略する処理が講ぜられています。私たちも大都市の東京国税局や大阪国税局、または、税理士会にも働きかけ、九州北部税理士会の様に確認書制度が早く取り入れられることを切に希望します。

四、書面添付により調査が激減！

ＴＫＣ近畿会各地域の書面添付推進研修会及び懇親会を、宮崎ＴＫＣ全国会書面添付推進委員長の参加を得て開催しました。ＴＫＣ近畿会の北部地区は江坂東急インで、南部地区は大阪難波のＯＡボートで、兵庫地区は神戸東急インで、京都地区は清水寺門前町でそれぞれ開催しました。合計約二百名の先生が参加下さいました。

懇親会では全員の先生から一言ずつ書面添付に対する要望や意見を述べて頂きましたが、驚いたことには、書面添付を多く提出されている先生は、税務調査の件数が激減したことでした。また、書面添付を提出したいが最初の一件が出し辛いという意見でした。最初の一件を出すのにずいぶん勇気が必要であると思われます。出席された先生方からは、一件でも平成四年より提出するという確約を懇親会で貰っていますので、必ずご提出のほどお願い申し上げます。近畿会も平成四年七月より四分割されますが、より細かい書面添付の管理ができ、かつ、㊕推進委員長の活躍が期待できるものと信じます。全国会においても五万件の提出が現実になって参りました。会員の皆様方の書面添付に対するご協力を心底からお願い申し上げます。

（ＴＫＣ会報　一九九二年三月号掲載）

■ **記載事例**

受付印

※整理番号	

年　月　日

市川　税務署長殿

税務代理権限証書

税理士又は税理士法人	氏名又は名称	堤　敬士
	事務所の名称及び所在地	堤　敬士税理士事務所 東京都千代田区九段南２－２－３ 電話（ 03 ）1234 - 5678 連絡先（同　上 電話（　　）　　-　）
	所属税理士会等	東京　税理士会　千代田　支部　登録番号等　第　00000　号

上記の税理士 ~~税理士法人~~ を代理人と定め、下記の事項について、税理士法第２条第１項第１号に規定する税務代理を委任します。

平成　年　月　日

依頼者	氏名又は名称	株式会社　市川工業　代表取締役　山田　太郎
	住所又は事務所の所在地	千葉県市川市北方１－２－３ 電話（ 047 ）123 - 4567

1　税務代理の対象に関する事項

税目	（　法人　）税	（　消費　）税	（　　）税
年分等	平成　年分（年度）	平成　年分（年度）	平成　年分（年度）
	自 平成 13年 7月 1日 至 平成 14年 6月 30日 （　　）	自 平成 13年 7月 1日 至 平成 14年 6月 30日 （　　）	自 平成　年　月　日 至 平成　年　月　日 （　　）

2　その他の事項

※事務処理欄	部門		業種		他部門等回付	・　・　（　　）部門

■ 記載事例

受付印

※整理番号	

年　月　日

市川　税務署長殿

税務代理権限証書

税理士又は税理士法人	氏名又は名称	堤　敬士
	事務所の名称及び所在地	堤　敬士税理士事務所 東京都千代田区九段南２－２－３ 電話（ 03 ）1234 - 5678 連絡先（同　上 電話（　　）　　-　）
	所属税理士会等	東京　税理士会　千代田　支部　登録番号等　第　00000 号

上記の税　理　士（~~税理士法人~~）を代理人と定め、下記の事項について、税理士法第２条第１項第１号に規定する税務代理を委任します。

平成　年　月　日

依頼者	氏名又は名称	株式会社　市川工業　代表取締役　山田　太郎　㊞
	住所又は事務所の所在地	千葉県市川市北方１－２－３ 電話（ 047 ）123 - 4567

1　税務代理の対象に関する事項

税目	（　法人　）税	（　消費　）税	（　　）税
年分等	平成　年分（年度）	平成　年分（年度）	平成　年分（年度）
	自 平成 13年 7月 1日 至 平成 14年 6月 30日 （　　）	自 平成 13年 7月 1日 至 平成 14年 6月 30日 （　　）	自 平成　年　月　日 至 平成　年　月　日 （　　）

2　その他の事項

※事務処理欄	部門		業種		他部門等回付	・　・　（　）部門

（ＴＫＣ会報への寄稿）すべての税務署管内に書面添付申告書を！！

法人税　確定申告書（　　　年分・ 13年 7月 1日 ～ 14年 6月30日 事業年度分・　　　）に係る

税理士法第３３条の２第１項に規定する添付書面　（33の2①）

※整理番号	

税理士又は税理士法人	氏名又は名称	税理士　堤　敬士
	事務所の所在地	東京都千代田区九段南２－２－３ 電話（ 03 ）1234－5678
書面作成に係る税理士	氏　　　名	税理士　　堤　敬士（署名）
	事務所の所在地	東京都千代田区九段南２－２－３ 電話（ 03 ）1234－5678
	所属税理士会等	東京　税理士会　　千代田　　支部　　登録番号 第 00000 号
税務代理権限証書の提出		有（法人税・消費税　　　　）・　無
依　頼　者	氏名又は名称	株式会社　市川工業
	住所又は事務所の所在地	千葉県市川市北方１－２－３ 電話（ 047 ） 123 － 4567

私（当法人）が申告書の作成に関し、計算し、整理し、又は相談に応じた事項は、下記の１から４に掲げる事項であります。

１　自ら作成記入した帳簿書類に記載されている事項

帳簿書類の名称	作成記入の基礎となった書類等
依頼者が自ら起票した仕訳伝票に基づき、コンピュータ処理により作成した仕訳帳、総勘定元帳、試算表、貸借対照表及び損益計算書。期末整理の会計伝票のみ当方作成	会計伝票、預金通帳、証憑書綴、手形帳、給与台帳、請求書控、納品書控、売掛・買掛集計帳、請求書、納品書、棚卸表

２　提示を受けた帳簿書類（備考欄の帳簿書類を除く。）に記載されている事項

帳簿書類の名称	備　　考
会計伝票、預金通帳、証憑書綴、手形帳、給与台帳、請求書控、納品書控、売掛・買掛集計帳、請求書、納品書、棚卸表、その他書類範囲証明書記載通り	納品書控のうち、 平成13年7月1日から平成14年5月31日分

※事務処理欄	部門	業種			意見聴取連絡事績		事前通知等事績	
					年 月 日	税 理 士 名	通知年月日	予定年月日
					・　・		・　・	・　・

（１／３）

■ 記載事例

※整理番号	

3　計算し、整理した主な事項

	区　分	事　項	備　考
(1)	完成工事高	工事請負契約書及び請求書（控）に基づき工事収入の計上時期の確認を行うと共に、作業日報と材料仕入請求書により工事収入の計上もれがないか確認しました。	工事請負契約書 売上請求書類 作業日報
	材料仕入高	請求書及び、領収証等に基づき請求内容と決済状況の確認を行い、請求書の中に資本的支出に該当すべきものがないか確認しました。	材料仕入請求書
	外注費	役務提供内容及び雇用契約を確認し、労務費に該当するものがないか確認しました。	賃金台帳 履歴書
	労務費	作業日報と賃金台帳に基づき、支給金額の正当性を確認すると共に、人員の実在性の確認も行いました。	
	販売費・一般管理費	備品消耗品費の中に一括償却資産に該当するものがないかを検討しました。厚生費、販売員旅費、雑費等について領収書を確認し、交際費に該当するものがないか確認しました。	支払領収証 証憑書綴
	雑収入	残材等について売却収入の計上もれがないかどうか、及び自動販売機手数料について計上もれがないかどうかを確認しました。	自販機精算書

	(1)のうち顕著な増減事項	増　減　理　由
(2)	・売上高対外注費率の大幅な低下	前期の外注費率31.5%が当期は19.6%と大幅に減少したのは、前期の工事の主体が地方現場のため、地元の工事業者に外注したことによります。
	・売上総利益率の向上	当期は社員１名を増員し、自社の施工に転換したことにより、労務費が5,023千円増加しました。 また、自社施工体制により材料費率ついても前期の22.0%から26.2%に上昇したが、結果として売上総利益率は前期の27.1%から当期29.9%と2.8%向上しました。

	(1)のうち会計処理方法に変更等があった事項	変　更　等　の　理　由
(3)	減価償却の方法	建物の法定償却方法が定額法になったので、既存の建物及び建物附属設備について当期より定率法から定額法に変更しました。

（２／３）

※整理番号	

4　相談に応じた事項

事　　項	相　談　の　要　旨
役員退職金	役員の退職にあたり、役員退職金の適正額の相談を受けました。これに対し、役員退職金支給規定に基づく算定額に経営貢献度等を勘案した適正額を助言しました。 前期の株主総会でこれが承認可決され、当該金額が支給されました。

5　その他

(1)当税理士事務所は、ＴＫＣ全国会認定の「書面添付推進事務所」です。
(2)当税理士事務所は、ＴＫＣ地域会研修所主催の生涯研修履修事務所です。
(3)当税理士事務所は、依頼者の企業を訪問し、巡回監査を実施しています。
(4)当税理士事務所は、ＴＫＣ財務会計システム及び税務情報システムを利用しています。
(5)その他、当税理士事務所が保存している帳簿書類等は次の通りです。

①基本約定書	⑥棚卸資産証明書
②完全性宣言書	⑦負債証明書
③データ処理実績証明書	⑧源泉所得税チェック表
④３期比較財務諸表、３期比較経営分析表	⑨巡回監査報告書
⑤書類範囲証明書	⑩決算監査事務報告書

(6)総合所見
日々の取引については、整然かつ明瞭に会計処理されており、原始記録の保存状況も良好です。また、契約書、注文書、見積書及び請求書等の証拠書類についても、月別にファイルされ整然と保管されております。会計組織は適切に確立され内部けん制は機能しております。

作業日報により決算期末日の仕掛工事(未成工事支出金)と材料の期末棚卸高(実地棚卸表)の突合せを行い、期末仕掛工事に係る材料費、労務費、外注費、経費の確認を行いました。

月次巡回監査の徹底と日々の記帳の確認及び決算補正事項も正しく修正されており、法令の規定に従って申告書を作成しました。

以上

（３／３）

■ 記載事例

消費税　確定申告書（　　年分・ 13年 7月 1日 ～ 14年 6月30日 事業年度分・　　　）に係る

税理士法第３３条の２第１項に規定する添付書面 (33の2①)

※整理番号	

税理士又は税理士法人	氏名又は名称	税理士　堤　敬士
	事務所の所在地	東京都千代田区九段南２－２－３ 電話（ 03 ）1234－5678
書面作成に係る税理士	氏　　名	補助税理士　　堤　敬太郎（署名）
	事務所の所在地	東京都千代田区九段南２－２－３ 電話（ 03 ）1234－5678
	所属税理士会等	東京　税理士会　　千代田　支部　　登録番号 第 00001 号
税務代理権限証書の提出		㊒（所得税・消費税　　　　）・無
依頼者	氏名又は名称	株式会社　東京製作所
	住所又は事務所の所在地	神奈川県川崎市高津区久本100 電話（ 045 ） 123 － 4567

私（当法人）が申告書の作成に関し、計算し、整理し、又は相談に応じた事項は、下記の１から４に掲げる事項であります。

１　自ら作成記入した帳簿書類に記載されている事項

帳簿書類の名称	作成記入の基礎となった書類等
依頼者が自らパソコンに入力した仕訳データに基づき、コンピュータ処理により作成した仕訳帳、総勘定元帳、試算表、貸借対照表及び損益計算書。期末整理データのみ当方入力	預金通帳、証憑書綴、手形帳、給与台帳、請求書控、納品書控、売掛・買掛集計帳、請求書、納品書、棚卸表

２　提示を受けた帳簿書類（備考欄の帳簿書類を除く。）に記載されている事項

帳簿書類の名称	備　　考
預金通帳、証憑書綴、手形帳、給与台帳、請求書控、納品書控、売掛・買掛集計帳、請求書、納品書、棚卸表、その他書類範囲証明書記載通り	契約書綴の内、新潟出張所保存分

※事務処理欄	部門	業種			意見聴取連絡事績		事前通知等事績	
					年月日	税理士名	通知年月日	予定年月日
					・　・		・　・	・　・

（１／３）

■ 記載事例

※整理番号	

3　計算し、整理した主な事項

	区分	事項	備考
(1)	事業区分	ほとんどが第三種事業であるが、期中において発生した自社使用の機械装置の譲渡が第四種事業となっていること、その他期中の課税売上取引に係る事業区分は、取引の実態に即して適切に処理されていることを確認しました。	動産売買契約書
	相殺取引	法人の所得金額に影響はないが消費税の計算には影響が生じるので、その有無についてはチェックを行い、且つ適正な会計処理への訂正を行い、課税売上のもれがないことを確認しました。	

	(1)のうち顕著な増減事項	増減理由
(2)	なし	なし

	(1)のうち会計処理方法に変更等があった事項	変更等の理由
(3)	なし	なし

(2／3)

※整理番号	

4　相談に応じた事項

事　　項	相　談　の　要　旨
輸出取引について	Ｙ計装から、同社の香港現地法人に向けての受注があり消費税の課税はどうするのかとの相談を受けたので、当社で輸出手続きを行い香港現地法人に直接売り上げを計上すれば輸出免税取引として消費税の課税はないが、Ｙ計装経由で売り上げれば通常の課税取引となる旨を説明しました。

5　その他

(1)当税理士事務所は、ＴＫＣ全国会認定の「書面添付推進事務所」です。
(2)当税理士事務所は、ＴＫＣ地域会研修所主催の生涯研修履修事務所です。
(3)当税理士事務所は、依頼者の企業を訪問し、巡回監査を実施しています。
(4)当税理士事務所は、ＴＫＣ財務会計システム及び税務情報システムを利用しています。
(5)その他、当税理士事務所が保存している帳簿書類等は次の通りです。

①基本約定書
②完全性宣言書
③データ処理実績証明書
④３期比較財務諸表、３期比較経営分析表
⑤書類範囲証明書
⑥棚卸資産証明書
⑦負債証明書
⑧源泉所得税チェック表
⑨巡回監査報告書
⑩決算監査事務報告書

(6)総合所見
消費税の課税区分及び事業区分については、毎月の巡回監査時に取引内容をチェックし、課税区分及び事業区分の誤りがあればその都度指導し修正させています。また決算にあたっては、ＴＫＣ財務会計システム／税務情報システムにより消費税申告検討表、勘定科目別の消費税額集計表を作成し、あらためて損益科目と資産・負債科目について内容を検討しました。
以上検討の結果、提示を受けた帳簿書類の範囲において、消費税課税標準額の算定に関する処理は事実に基づいて適正に処理されているとの心証を得ました。

以上

（３／３）

書面添付Q＆A

ＴＫＣ全国会
巡回監査・書面添付推進委員会

Ｑ１．ＴＫＣ会計人はなぜ書面添付をしなければならないのですか

Ａ．書面添付の推進は、税理士法第一条の使命条項を厳格に受けとめ、我々職業会計人が作成した税務申告の内容が税務当局から「調査の必要はありません。申告是認の取扱いをします」といわれる程の信頼と高い評価を獲得するための体制の構築であります。全国のＴＫＣ会計人が、未入会員会計人と比べて、業務の品質上で露骨なまでの極端な格差をつけ、税務行政の担当者が仰天するほどの適正で高品質な申告書を出し、さらに社会一般か

ら高い尊敬と信頼とを獲得するように行動することです。

ポイント

（１）書面添付推進運動の出発

昭和五十六年六月九日ＴＫＣ千葉県計算センターの開所式における、元国税庁長官磯邊律男先生の記念講演の中で、個人の実調率が四％前後、法人の実調率が九％前後という低さを嘆かれ、税理士の奮起を希望された時点です。その直後に開かれたＴＫＣ全国会理事会が、実調率の低さは自由国家の健全性を破壊するものであり、税理士は法第一条の使命条項を厳格に受けとめ、書面添付推進体制を全国的規模で構築すべきであると決定したその時に始まりました。

（２）事務所業務品質の保証

ＴＫＣ会計人の作成する決算書・申告書は毎月の巡回監査を実施することによって作成されていますので、ＴＫＣ会計人による書面添付は事務所の業務品質の保証といえます。

（3）関与先との信頼関係の構築

基本約定書・完全性宣言書では、関与先は一切の取引記録を完全網羅的に、かつ整然明瞭にＴＫＣ会計人に提示しなければならないとされています。そして、ＴＫＣ会計人はその提示された記録について巡回監査を実施し、会計処理の指導及び経営助言を行いますが、その際相当の注意義務違反（税理士法第四十五条二項）があった場合は賠償の責任を負うこととされています。一方関与先は、取引記録が虚偽であったり記録外の事実によって、ＴＫＣ会計人に損害を与えた場合は、その責任を負うこととしています。

このことから書面添付はＴＫＣ会計人と関与先の責任の範囲を明確にしたものであり、これらの書類はＴＫＣ会計人と関与先との信頼関係が成立していて初めて取りかわすことのできる書類だと言えます。

（4）事務所経営の防衛

書類範囲証明書、棚卸資産証明書、負債証明書を、決算証明三表と呼んでいます（詳しくは後述）。いずれも関与先が提示した書類の一覧、関与先の管理のもとに行われた棚卸、確定債務・偶発債務について関与先が証明するものです。

これらは関与先の責任の範囲を明瞭にするもので、言い方を変えればＴＫＣ会計人の責任の範囲と範囲外とを明瞭にしたものであり、最近頻発している損害賠償事案から事務所経営を防衛する一つの方法が、書面添付です。

Ｑ２. 巡回監査報告書は、どの様に使うのですか

Ａ. 巡回監査報告書は、監査担当者に対する所長の業務命令書です。自分の事務所のレベルに応じて★印が付されているので巡回監査報告書の作成要領を指示し、順次、巡回監査報告書の最高レベルにまで到達するように努力します。

ポイント

（1）巡回監査報告書は、法人用と小法人用のものとが用意されています。最初は小法人

用のものが使いやすいので参考にしてください。

（2）巡回監査報告書は、監査担当者に対する所長の業務命令書です。所長は常に職員が巡回監査において監査すべき範囲とその手法、及び監査上注意すべき事項の最低レベルを明確に指示する必要があります。

（3）巡回監査報告書は、会計事務所の法的防衛の資料です。税理士法には、税理士が厳守しなければならない諸規定（脱税相談の禁止第三十六条、守秘義務第三十八条、第五十四条、事件簿の作成第四十一条、担当注意義務第四十五条など）があり、巡回監査報告書は、このような違反行為がなかったことを立証する機能をもつものです。監査担当者は報告書には文字による記入は堅く禁止され、チェックマークのみ記入することを指示されています。

（4）巡回監査報告書は、業務品質をレベルアップさせる機能をもつものです。巡回監査報告書の使用は、監査業務をチェックリストによって標準化し、業務品質の一定水準を確保することを可能にします。

又、調査などで発生した監査ミスをチェックリストに盛り込むことによって、益々業務品質の向上が図られていきます。

Q3．職員のレベルが低いので「書面添付」ができない、どの様にして職員のレベルを上げればよいのですか

A．書面添付の実践には、業務品質の明確な基準が会計事務所に求められています。この基準は、TKC会員の事務所であれば当然求められているものであり、ひとえに所長の決断ひとつです。職員のレベルは、その事務所の現状の業務水準です。書面添付で要求されているレベルとのギャップを明確にして事務所一丸となって取り組むことにより、一年一年確実に業務水準が向上します。

ポイント

（１）巡回監査の完全実施体制を整えることが、ＴＫＣ会計人の基本的条件です。

（２）職員教育には、所長自ら教育すべきことと、ＴＫＣの研修で可能なこととわけて教育していくことが重要です。すべてＴＫＣの職員研修でカバー出来るものではなく、又所長がすべてを教育することも現実的ではないと思われます。

所長がすべきことは、

①事務所方針の作成（業務水準の明確化のため方針書・諸規則の完備）
②職員の業務水準向上カリキュラムの作成
③書面添付の段階的実践による業務水準の向上推進
④職員のＴＫＣ職員研修、生涯研修への受講を義務づける

（３）給与制度の改善

職員の志気を高めるために、月次巡回監査率や財務三表の提供状況などを勘案し

た職員の給与体制の改善が必要です。

Ｑ４．ＴＫＣの書面添付と税理士法との関係はどの様になっているのですか

Ａ．税理士法第三十三条の二第一項（計算事項、審査事項等を記載した書面の添付）は、書面添付の提出が任意事項として規定されています。ＴＫＣ会計人の書面添付制度はこの規定に準拠しています。

なお、大蔵省令第５号様式以外の書類（基本約定書等）はＴＫＣ全国会において開発されたものです。

ポイント

（１）税理士法第三十三条の二第一項（計算事項、審査事項等を記載した書面の添付）では、税理士が作成した申告書について、税理士がどの程度の責任をもって作成したもの

か、どの程度内容に立ち入った検討をしたものであるか等を明らかにするため、税理士の作成した書類について、その内容の検討程度、検討した項目及び方法等を記載した書面を添付することができる旨を定めています。この書面の添付してある申告書について、税務署長が更正するときは、原則として、その税理士に対して意見を述べる機会を与え、そのうえでなければ更正してはならないものとされています。

この条項が法制化された目的は、①税理士業務の質的向上、②納税者に信頼される税理士の育成にあります。（昭和三十一年法第一六五号追加）

（2）税理士業務は強制捜査権をもたない、自由契約上で成り立っています。従って、経理内容の真正な公開は、関与先経営者の胸三寸の中に隠されているので、われわれは見せられた書類の範囲内でしか責任の負いようがないので書類範囲証明書を徴収し、完全性宣言書を求めて、自己の責任の限界線を証拠文書として、確保しておく必要があります。

（3）ＴＫＣの書面添付制度の特徴は、会計事務所の法的防衛に主眼がおかれています。「真正なる記帳義務」の法整備が不十分のまま、税理士法第四十五条で「：相当の注意を怠り…」「真正の事実…」を見落とした場合は、懲戒処分をうけます。税理士は、脱税犯にまきこまれる可能性が常にありますので、これを防ぐために、ＴＫＣの書面添付制度があります。

Ｑ５．わからないことがあれば、何処に聞けば良いのですか

Ａ．書面添付については、各地域会の事務局または書面添付委員長及び副委員長が窓口になっています。また書面添付を実践されている会員で各地域会に特別推進委員長であるアドバイザーが書面添付の相談窓口に委嘱されていますので、その先生方にもお聞きいただくことができます。

ポイント

「税理士法第三十三条の二による書面添付体制を実現するための総合マニュアル（以下、総合マニュアルと略す）」が全国会から発行されていますので、もう一度総合マニュアルを読むようにしてください。

なお、地域会事務局に問い合わせ、書面添付に関する質問事項等にこたえる会員を紹介してもらって下さい。

Ｑ６．書面添付している場合において、修正申告をしなければならない場合の対処の仕方について説明して下さい

Ａ．修正申告すべき事項が「書類範囲証明書」記載の書類の範囲外か範囲内かによって取扱い（対処）が異なります。

（１）書類範囲証明書記載の書類の範囲外である場合

①重加対象事案の場合

（イ）税理士の責任・・・問われない。

（ロ）翌期以後の書面添付は状況が改善されるまでは添付すべきではない。

②重加対象事案ではない場合

（イ）税理士の責任・・・問われない。

（ロ）単なる期間帰属時期の誤り等、そこに脱税の意図が無く、かつ金額的に軽微なものであれば、経理体制の改善を前提に翌期以後の書面添付はしても構わない。

但し、税理士法第四十五条に違反していないことが絶対条件となります。

（２）書類範囲証明書記載の書類の範囲内である場合

①重加対象事案の場合

(イ)税理士の責任・・・問われる。

(ロ)翌期以後の書面添付は状況が改善されるまでは添付すべきではない。

②重加対象事案ではない場合

(イ)税理士の責任・・・問われる。

(ロ)上記（1)、②(ロ)と同じ。

Ｑ７．「申告内容確認書」制度の内容及び、これとＴＫＣ書面添付制度との調整について説明して下さい

Ａ．（１）「申告内容確認書」制度の内容について

①この制度が実施されているのは現在のところ下記の国税局管轄の地域のみです。

（イ）札幌国税局（法人特別指導表という）　（ニ）金沢国税局

（ロ）名古屋国税局　（ホ）熊本国税局

（ハ）福岡国税局　（ヘ）高松国税局

②制度の内容（福岡国税局の場合）

(イ) 提出書類

法人税及び消費税の申告書に、下記の二種類の書類を添付して提出します。

イ．様式１「法人税・消費税申告内容確認書」

ロ．様式２「チェックリスト」

(ロ) 提出の効果

イ．申告書提出期限から三ヶ月以内に税務当局から文書により「調査省略」の通知があります。税務当局が調査の必要ありと判断すれば、当然この通知はありません。

ロ．通知の送達先

ａ．札幌国税局及び名古屋国税局・・・納税者本人へ

ｂ．福岡国税局・・・・・・・・・税理士へ

(1) ＴＫＣ書面添付制度との調整

①根拠法規の相違

(イ)申告内容確認書・・・税理士法第一条

(ロ)ＴＫＣ書面添付・・・税理士法第三十三条の二第一項

②ＴＫＣ全国会の取扱い

「税理士法第三十三条の二第一項に規定する添付書面」に代えて「申告内容確認書」を添付した場合も、同等に取り扱います。また、併用も差し支えありません。

Ｑ８．関与先にはどの様に啓蒙すればよいのですか

Ａ．書面添付の推進は、所長の決断と意志の強さで決まりますが、同時に各事務所の月次巡回監査の質の向上など、日常業務の積み重ねの中で行われるべきものです。

啓蒙方法は各事務所それぞれの方法があってよいわけです。結局は所長の決断の強さが、

その啓蒙方法にも現れてきます。
なお、関与先啓蒙用パンフレット「三分でわかる書面添付」をご活用下さい。

ポイント

顧問先に書面添付を推進していくにあたって、とくに決め手となるような啓蒙方法はありません。全顧問先に巡回監査が完全実施出来るように、顧問先に対する記帳指導の手順を確立し、その手順に従って一歩一歩確実に顧問先の記帳能力を引き上げていくことが大切です。

所長が記帳の指導から書面添付までのカリキュラムを顧問先に示し、一段一段ずつ階段を上らせればよいのです。このように階段を一段一段上らせる作業を粘り強く継続するうちに会計事務所の指導が定着し関与先との信頼関係が一段と強力なものになります。

又、書面添付の推進にあたって、顧問先を集めてカリキュラムの説明会を開催したり、書面添付推進の事務所方針書を配布したりする事務所もありますが、要は事務所が関与先と一体となって正しい申告と企業発展に寄与することを、所長の言葉で、関与先に日頃から伝え、意識させておくことが重要です。

Ｑ９．関与先啓蒙文書について説明して下さい

Ａ．関与先に対する書面添付の啓蒙には各事務所ごとで特徴があると思います。オーソドックスな手法として、文書によって全関与先に啓蒙することが事務所所長の方針を伝える手段としては効果的と思われます。次にその文例をご紹介いたします。ただし、これは各事務所の所長の方針ですので、ご自分の言葉に変えて作成されますようお願いいたします。なお、関与先に説明する際には、当委員会が作成したパンフレット「三分でわかる書面添付」がありますので、ぜひそれを積極的に活用して下さい。

○○税理士事務所方針書
（税務調査において申告是認を受けるために）

所長・税理士　○○　○○

関与先各位

拝啓　時下ますますご健勝のこととお喜び申し上げます。

さて、私は税理士事務所として、「関与先の信頼にこたえ、法律に規定された納税の適正な実現を図る」ことをその使命としております。そのために、関与先企業の税務申告時に税理士法第三十三条の二の「書面添付制度」を導入しております。これは、税務署に対して、企業として、決算申告内容についていささかの不正もないことを明らかにしたものです。

書面添付の実践で、税務面に於いて将来税務調査の負担から解放され、優良法人としての評価を受けることは間違いなく、また金融機関からはその企業の決算内容に対して高い信頼をうけることになるでしょう。

二十一世紀は、公正・公平・公開が価値の基本になります。経営者が自ら企業価値を高めるためにも「ＴＫＣ書面添付制度」をしていただきますようご案内いたします。

なお、貴社の税務申告の折には担当者から、この制度についてご説明させていただきますので宜しくお願いいたします。

敬具

Q10．関与先で書面添付の提出と未提出があれば税務署はどの様に判断されるのですか

Ａ．税務署が納税者をどのように判断するかは何も書面添付の提出と本来関係のないものであり、その他の要因で税務調査の対象とするかしないかの判断をしているのではないでしょうか。

ポイント

総合マニュアルのなかで飯塚会長は、「権威ある立派な申告書、決算書を作ることを、この愛する祖国で定着させせようと、断固頑っているだけなのです。ほかには何も無いのです。お間違いなく」といわれています。

税理士法第三十三条の二第一項による書面添付推進体制は、税理士法第一条の使命条項を厳格に受けとめ、この体制をＴＫＣ会員は全国的規模で構築する使命があります。この

運動の本質は、われわれ職業会計人が適正申告納税の実現をめざし、高度の職業倫理や豊かな見識を涵養し、不断に事務所の合理化や業務水準の向上を図っていくことにあります。そしてその結果、我々が作成した税務申告の内容を税務当局から「調査の必要はありません・申告是認の取扱いをします」といわれる程の信頼と高い評価を獲得していくのです。

【著者紹介】
杉井卓男（すぎい・たくお）
1936年　大阪府松原市に生まれる
1960年　関西学院大学法学部卒業
1976年　TKC入会
以後、TKC南近畿会会長、TKC全国会副会長を経て、TKC全国会顧問

著　書
『私の事務所収益拡大法』（TKC出版）
『税のはなし』（ナンバー出版）
『新しい税のはなし消費税Q＆A』（せせらぎ出版）
『生活できる税理士――競争者（ライバル）に負けず事務所の収益を拡大する方法』（22世紀アート）
『税金弱者のための節税相談』（22世紀アート）

本書に関するお問い合わせ・ご意見は、
〒580-0021　大阪府松原市高見の里4-5-33
税理士法人　杉井総合会計
松原事務所
（TEL. 0723-35-2090）
新島事務所
までお寄せください。

会計人の書面添付

企業も税理士も、もっと制度を活用しよう

2023年3月31日発行

著　者　杉 井 卓 男

発行者　向 田 翔 一

発行所　株式会社 22 世紀アート
〒103-0007
東京都中央区日本橋浜町 3-23-1-5F
電話　03-5941-9774
Email: info@22art.net　ホームページ：www.22art.net

発売元　株式会社日興企画
〒104-0032
東京都中央区八丁堀 4-11-10 第 2SS ビル 6F
電話　03-6262-8127
Email: support@nikko-kikaku.com
ホームページ：https://nikko-kikaku.com/

印刷
製本　株式会社 PUBFUN

ISBN：978-4-88877-167-2